W9-AQB-071

LA COCINA FAMILIAR

EN EL ESTADO DE

NAYARIT

LA COCINA FAMILIAR
EN EL ESTADO DE
NAYARIT.

CONACULTA OCEANO

Sp/ TX 716 .M4 C633 2001

La Cocina familiar en el
estado de Nayarit.

LA COCINA FAMILIAR
EN EL ESTADO DE NAYARIT

Primera edición: 1988
Banco Nacional de Crédito Rural, S.N.C.
Realizada con la colaboración del Voluntariado Nacional
y de las Promotoras Voluntarias del Banco Nacional de
Crédito Rural, S.N.C.

Segunda edición: 2001
Editorial Océano de México, S.A. de C.V.

Producción:
Editorial Océano de México, S.A. de C.V.

© Consejo Nacional para la Cultura y las Artes

D.R. ©
Editorial Océano de México, S.A. de C.V.
Eugenio Sue 59
Col. Chapultepec Polanco, C.P. 11500
México, D.F.

ISBN
Océano: 970-651-536-4
                970-651-450-3 (Obra completa)
CONACULTA: 970-18-6832-3
                970-18-5544-2 (Obra completa)

Todos los derechos reservados. Queda prohibida la
reproducción total o parcial de esta obra por cualquier
medio o procedimiento, comprendidos la reprografía y el
tratamiento informático, la fotocopia o la grabación, sin
la previa autorización por escrito de la Dirección General
de Publicaciones del CONACULTA.

Impreso y hecho en México.

LA COCINA FAMILIAR EN EL ESTADO DE

Nayarit

Presentación

La Comida Familiar Mexicana fue un proyecto de 32 volúmenes que se gestó en la Unidad de Promoción Voluntaria del Banco de Crédito Rural entre 1985 y 1988. Sería imposible mencionar o agradecer aquí a todas las mujeres y hombres del país que contribuyeron con este programa, pero es necesario recordar por lo menos a dos: Patricia Buentello de Gamas y Guadalupe Pérez San Vicente. Esta última escribió en particular el volumen sobre la Ciudad de México como un ensayo teórico sobre la cocina mexicana. Los textos históricos y culinarios, que no las recetas recibidas, varias de ellas firmadas, fueron elaborados por un equipo profesional especialmente contratado para ello y que encabezó Roberto Suárez Argüello.

Posteriormente, hace ya más de seis años, BANRURAL traspasó los derechos de esta obra a favor de CONACULTA con el objeto de poder comercializar el remanente de libros de la primera edición, así como para que se hicieran nuevas ediciones de la misma. Esta ocasión llega ahora al unir esfuerzos CONACULTA con Editorial Océano. El proyecto actual está dirigido tanto a dotar a las bibliotecas públicas de este valioso material, como a su amplia comercialización a un costo accesible. Para ello se ha diseñado una nueva edición que por su carácter sobrio y sencillo ha debido prescindir de algunos anexos de la original, como el del calendario de los principales cultivos del campo mexicano. Se trata, sin duda, de un patrimonio cultural de generaciones que hoy entregamos a la presente al iniciarse el nuevo milenio.

LOS EDITORES

Cinco mil años antes de nuestra era nació la leyenda en Ixtlán. En una clara mañana de mayo los sacerdotes tuvieron la revelación: habrían de partir hacia el sur hasta encontrar el sitio elegido por los dioses, y el lugar les sería señalado por un águila devorando una serpiente. Así dejaron aquellas tierras nayaritas los ancestros de los que, en el año trece caña, iniciaran el dominio de casi toda Mesoamérica. La migración fue penosa: en algunos sitios tuvieron que quedarse los viejos y los desvalidos, los cuales, a su vez, fundaron nuevos poblados. Hubo de todo en el trayecto: costas, altas montañas, hermosos valles, terribles desiertos; se vivía con una sola esperanza: llegar, y para hacerlo, los peregrinos se alimentaban con lo que surgía en los caminos; si las aguas eran saladas, tenían peces y mariscos, si eran dulces, agregaban a su dieta ranas y ajolotes. La caza daba desde el venado mazatl al pecarí, y la naturaleza proveía con una abundante variedad de frutos y raíces.

Pero otras tribus quedaron en la región. Del 400 al 900 d.C. existieron en el territorio varios señoríos enlazados con la cultura teotihuacana, como Centispac, que floreció hasta convertirse en metrópoli. Habitantes coras, huicholes y tepehuanes se dedicaron a la alfarería y al trabajo de los metales; se alimentaban con su creciente agricultura, así como con productos marítimos que solían cocinar asados, envueltos en hojas de plátano o maguey, añadiendo a veces frutas como el capulín, la tuna o la papaya, y en otras bañando los guisos con salsas picantes o endulzándolos con mieles de avispa o de maguey, del que también extraían el aguamiel.

Al momento de la llegada de los españoles, el encuentro se realizó con los cacicazgos del sur, colindantes con el actual Estado de Jalisco, y un poco más tarde el mestizaje alcanzó a los pobladores de la Sierra del Nayar, porción de la Sierra Madre Occidental.

Francisco Cortés de San Buenaventura, sobrino de Hernando, el conquistador, fue el primer español que incursionó en el área. Fue en 1524; su llegada movió a realizar nuevas exploraciones. En el 30, Nuño Beltrán de Guzmán fundó Santiago de Compostela (Tepic), primera capital de la que más tarde se llamaría Nueva Galicia, que en 1560 cambió su sede a Guadalajara.

La evangelización del territorio estuvo a cargo de los franciscanos. Erigieron conventos en Ahuacatlán, Ixtlán del Río, Acaponeta y Huajicori. A sólo dieciocho años de la caída de Tenochtitlán los frailes construyeron, a fuerza de piedra y fe, el templo de la ciudad de Tepic, así como varias casas aledañas que en su tiempo sirvieron de escuela, albergue, dispensario y bodega.

El poblado, al igual que el resto de la Nueva Galicia, en buena medida floreció gracias a la minería y al tesón notable de los colonizadores. Por su gusto y por necesidad, a ellos les tocó incorporar los ingredientes culinarios autóctonos a los importados de España. La región nayarita se convirtió por su posición en importante ruta comercial hacia el sur y en paso obligado hacia el norte, ya fuera por tierra o por mar, en buques que partían de los puertos de San Blas y Chacala, llevando expedicionarios a las Californias.

Los colonizadores tuvieron que sobrevivir frente a culturas tan importantes como la cora y la huichol, además de enfrentar las incursiones de tribus norteñas, cuyos guerrilleros paulatinamente diezmaron a los pocos habitantes. Sólo hasta finales del siglo XVI se pudo obligar a los nativos a refugiarse en la sierra, donde permanecieron indómitos hasta 1771, fecha en que el ejército virreinal los derrotó en La Mesa.

A pesar de la abundancia natural de la región, la geografía fue un factor en contra del mestizaje de cualquier índole. Las comunicaciones eran inciertas, los artículos que los frailes solicitaban con mucho empeño, llegaban en ocasiones con años de retraso. A pesar de todo, florecieron el trigo, la cebolla, la zanahoria y las papas. De Castilla llegaron las rosas para aromar y adornar los jardines de los monasterios. El ganado inició su temprano enlace culinario con el maíz, el chile, la calabaza, el aguacate y la tuna. Es hecho innegable, pues, la fortuna del matrimonio gastronómico. En sus más de tres siglos ha dejado platillos suculentos, como el puerco en adobo, las tortillas de camarón y papa, la chanfaina enchilada, el espinazo en mole verde y las gorditas de frijol, sin contar los dulces de calabaza, las natillas lugareñas o los besos de monja, entre otros muchos guisos y delicias afamados.

No todo fue dulzura, sin embargo. El hambre no era desconocida y menudearon las enfermedades provocadas por los malos tratos a la población indígena y a algunas "castas". Esa simiente contribuyó a fecundar la fe en la liberación, idea propagada desde el sur del territorio hasta San Blas por José María Mercado en 1810. La zona era sitio de paso obligado, pues el abastecimiento de armas y parque provenía de la frontera norteña.

Hombres, mujeres y niños tuvieron que llenar sus itacates como antes, con la comida de arraigo prehispánico: tamales, frijol, maíz y chile. Jinetes e infantes soportaron un clima extremoso, acogidos al socaire de las recién tomadas haciendas durante las noches, o bajo el inclemente calor del verano, arrastrando su sarape gris, su fusil, su comal, su olla, su jarro en que beber un trago de atole o de aguardiente.

La Independencia se juró por fin en Tepic, en 1822; los pueblos nayaritas se adhirieron al Federalismo y, en el 23, se erigió el Estado Libre de Jalisco, del que Nayarit formó parte.

Todavía no habrían de conocer la paz. Los años siguientes fueron de pugna entre federalistas y centralistas. Al sobrevenir la invasión norteamericana en 1846, San Blas aportó el Batallón Activo, que participó con todos sus hombres en la defensa de Chapultepec. De esta incursión por sus tierras, los nayaritas vieron surgir los "bares", en los que al mismo tiempo que se servían bebidas alcohólicas, se preparaban diminutos y atractivos platillos salados para acompañarlas. Las "tapas" españolas se llamaron "botanas" y su afición arraigó tan hondo que prevalece en nuestros días.

Desde 1856, la región fue escenario de luchas encarnizadas entre conservadores y liberales. En ellas el protagonista principal fue Manuel Lozada, llamado el "Tigre de Alica", quien encabezó la guerrilla ese

mismo año; durante la Guerra de Reforma sirvió a la causa conservadora y desde el 64 reconoció a Maximiliano, lo que provocó una lucha de tres años en su contra por parte de las fuerzas liberales.

En esa época ya se había suspendido el comercio con España y se había abierto con Francia, de la que cabe afirmar que, culinariamente al menos, fue embrión de nuevas sustancias en el gusto nacional. La pastelería francesa —pequeña y deliciosa —se sumó a las múltiples recetas mestizas; los vinos y licores se adicionaron a la preparación de las carnes rojas y, en rapto sibarita, se añadieron alguna vez al melón y al pescado zarandeado.

A la derrota del Imperio en 1867, el presidente Juárez separó a Tepic de Jalisco y lo convirtió en Distrito Militar, sujeto al gobierno de la República, situación que fue aceptada por Lozada hasta 1873, fecha en que expidió el Plan Libertador de la Sierra de Alica y levantó a seis mil hombres, con los que avanzó sobre Guadalajara, en cuyas inmediaciones fue derrotado por el gobernador Ramón Corona, quién ordenó su juicio y ejecución.

Al ascender Porfirio Díaz al poder, la región fue pacificada, no sin grandes dificultades, y se reorganizó con el consiguiente florecimiento agrícola.

Una pródiga naturaleza había sido siempre la mejor proveedora. Los atoles de plátano, piña y coco destetaban a los pequeños; el piznate, una mezcla de agua, maíz y azúcar, se convirtió en bebida regional; las empanadas de calabaza y de frutas de la estación servían de provechoso alimento. Sólo los afortunados habitantes de las zonas costeras podían consumir productos marítimos, los abundantes mariscos y buenos peces del litoral nayarita. Muchos años pasaron sin que fuera fácil alimentarse del mar, sin embargo, se tomaba apenas lo que ofrecía con generosidad.

En 1884 , el Distrito se erigió en Territorio; en el 91 se creó la Diócesis de Tepic, y en 1905 el gobierno federal compró a la señora Gila Azcona las Islas Marías para convertirlas en colonia penal. Hoy, por su paisaje, vegetación de montaña y selvas, playas con una transparencia mágica y el cambio radical en la calidad jurídica de sus pobladores, son lugares de enorme interés humano, comercial y turístico, y tanto sus salinas como la preservación de la vida silvestre anuncian tiempos cada vez mejores en las bellas islas.

En 1910 se inició ese telúrico movimiento nacional que pronto adquirió proporciones nacionales: la Revolución; a ella se adhirió Nayarit, desconociendo a las autoridades. El 24 de mayo de 1911 los maderistas tomaron Tepic, y cuando dos años más tarde ocupó la presidencia el usurpador Victoriano Huerta, los habitantes de la zona se unieron a la sublevación constitucionalista encabezada por Carranza. Después de la derrota huertista se desencadenó una lucha entre los diferentes grupos revolucionarios, principalmente carrancistas y villistas, y esta situación se prolongó hasta 1917, año en que —a iniciativa de Venustiano Carranza— el Congreso Constituyente erigió el Estado de Nayarit.

En 1920 cayó Carranza y los obregonistas tomaron las riendas del país. Esa década dejó profunda huella en el estado, que se distinguió —una vez más— por la solidez de sus hombres y el espíritu aguerrido de las mujeres, pues unos y otras lucharon mano a mano por una paz duradera. Desde entonces la consolidación de Nayarit ha sido constante. La naturaleza es un privilegio en la entidad; regala, por ejemplo, el espectáculo soberbio de sus playas. Novillero en un paraíso de 80 kilómetros de largo que en diciembre viste su mar de plata; las tranquilas olas jugueteaban con una especie de plancton —el de la argentina tonalidad—, que por las noches se torna fluorescente. Chacala, donde el paisaje suspende el aliento, es el lugar en que algunos aventureros de los siglos XVI y XVII se lanzaron a "la mar océana", en busca de las especias no encontradas. San Blas posee la magia de coras y huicholes, en fiestas pagano-religiosas que maravillan y sobrepasan la imaginación civilizada.

El mar nayarita es tibio, se alberga en caletas y caletillas, acaricia arenas doradas y finas, mientras que en ángulos sucesivos la montaña decide rivalizar en fuerza y opone barreras acantiladas. Hay islotes y peñascos que ni siquiera una cabra experta se atrevería a escalar, pero son hogar de millares de aves que cada primavera reinician sus gorjeos.

¿Qué decir de Rincón de Guayabitos, Sayulita o Santa Cruz de Huanacaxtle, con sus mariscadas a la leña, los limones más dulces que pueda imaginar un paladar, su salsa picante regional, el tradicional pescado zarandeado, la calabaza con leche, el dulce de frijol y los encanelados?

Nayarit se encuentra actualmente en pleno desarrollo industrial, comercial y agropecuario. Su gente combina la sencillez norteña con el calor de las costas. Se trabaja mucho y se disfruta con orgullo la tradición de cada rincón; buena prueba la dan sus abundantes comidas.

Y hay que contar, además, que desde Tepic llegaron —entre otras tradiciones— Las Mañanitas, las que cantaba el Rey David. ¡Cómo no!, si el buen señor sabía que al terminar la cortesía nayarita, refinada como su gastronomía, se le invitaría a un sustancioso pozole tipo Nayarit; o a una sopa de camarón, susceptible de convertirse en platillo único —un vuelve a la vida—, el llamado jatishuile o tepishuil de Mexcatitlán, y se recibiría a sus invitados con el menudo regional y con sus tamales de camarón como se hacen en Ruiz.

Sabios son los lugareños al preparar la zaranda, la reja de varilla para asar el famoso pescado zarandeado o cocinar la lisa tatemada. Y así como del camarón se producen desde tamales y albóndigas hasta un dulce de camarón y frutas, con los magníficos ostiones, en especial los de la desembocadura de Tuxpan, se preparan los sopes de ostión o se les guisa, al estilo de San Blas, en escabeche, con la generosa manteca del cuino, y esa salsa cora cuyo secreto guardan celosas, como el de los quesos de la sierra, las adoberas indígenas.

Entre los postres hay mucho que elegir. Valga citar, por vía de muestra, los camotes y calabazas enmielados, los pancles, esos plátanos secados al sol y envueltos amorosamente en sus propias hojas para acompañar largas caminatas, o el regalo, en manteles o servilletas deshilados, del dulce llamado "engañabobos", acompañándose cada uno —eso sí— con sendos vasos de la bebida nativa sin igual, el piznate.

Tenía razón el poeta cuando rimaba así:

Tú sabías de tibores
donde pájaros y flores
confundían sus colores;
tú de lacas y marfiles
y de perfumes sutiles
de otros tiempos; tu cautela
conservaba la canela,
el cacao, la vainilla,
los grandes quesos frescales
y la miel de los panales
tentación del paladar.

Al fin y al cabo, Amado Nervo era nayarita y conocía bien la grata, fresca, dulce, nostálgica sazón del terruño.

Cinco apartados integran el recetario familiar nayarita. Se habla en ellos de los buenos platillos de la mesa cotidiana, del grato comer en casa, pero también se reflejan las alegrías y los lujos de las comidas festivas, es decir, las de las celebraciones familiares o las de las fiestas comunitarias. La primera sección o apartado se dedica a los **Antojitos**, y ya en ellos se enseñan los méritos y posibilidades de la cocina estatal. La riqueza de su huerta, por ejemplo, o su integración a la sabiduría –nacional– en el manejo del maíz. Se confirma la mexicanísima perspectiva del antojo, indispensable en la alimentación popular.

En **Caldos, sopas y verduras**, segunda sección, el desfile es largo: una decena de buenas sopas y más de una decena de atinadas y variadas fórmulas para preparar las verduras.

Mariscos y pescados, tercer apartado, es guía somera de los tesoros que el mar ofrece a Nayarit. Las recetas para cocinar y aliñar los camarones son ejemplares.

Aves y carnes, otro largo apartado, constituye un reino para el buen pollo y el cerdo sustancioso. Muchas maneras se muestran para confeccionar algunos de los deleites culinarios regionales, con el aprovechamiento que se hace del volátil y la carne del puerco.

Y el quinto apartado, en fin, el de **Panes, dulces y postres** ofrece, como en pocas ocasiones, las glorias del trópico en la más dulce de las secciones. Frutas y lácteos se combinan, deliciosamente, con azúcares y almíbares. Justo es, pues, recordar nuevamente a Amado Nervo.

Mi verso fue paloma, paloma querellosa;
mas hoy turba es de abejas que giran en tropel,
buscando tus perfumes (¿acaso no eres rosa?),
libando tus pistilos (¿acaso no eres miel?).

En Nayarit es innegable la riqueza de los recursos: bosque, selva, valles fértiles, un rico y extenso litoral. Hay que añadir la tradición indígena celosamente conservada, sin mestizaje, en los grupos coras y huicholes. De todo ello surge una cocina singular, definida, anclada en tradiciones seculares y abierta, sin embargo, a las influencias externas.

El apartado de antojitos que inicia el recetario de la cocina familiar nayarita ofrece varios platillos suculentos, en los cuales resulta fundamental –como en todo el país– el aprovechamiento del maíz.

La selección de fórmulas se inicia con algunas del amplio mundo de los tamales. La primera presenta unos pequeños envoltorios de gran delicadeza: la masa se prepara con elotes y calabacitas, y se agrega azúcar para hacer cabal su punto y suavidad. La llamada "sopa" de tamales de elote, es en realidad, un budín tamalero –en ración familiar– que hornea los tamalitos de elote tradicionales con nata (o crema) y queso. Estimulante preparación, como la de los tamales de puerco que llega enseguida, hecha a la manera regional; o sea que, a la masa preparada con manteca y a la carne del apetitoso gorrino, se le añade un molito de chile guajillo, jitomates, cominos y ajos.

Siguen unos deliciosos sopes, con sus frijolitos embarrados, papas, el sabor del chile ancho y su "adorno": lechugas picadas, cebolla morada, queso fresco, salsa de jitomate y rabanitos. Los indios vestidos también se engalanan, pues estos apetecibles taquitos de queso deben capearse y, ya para servirse, dar un hervor en una salsa de chile ancho. Las gorditas, en cambio, son humildes, lo cual no quita que queden buenísimas. Son morenas, porque el frijol cocido se mezcla con la masa; sustanciosas, pues incorporan su tanto de chorizo o chicharrón, y provocativas con su aliño de chile ancho en salsa.

Un par de recetas para hacer enchiladas ofrece, después, la selección de recetas. Las mexicanas piden frijol bayo gordo, carne de res, salsa de tomate y chiles verdes, y se fríen. Se hornean las de pollo, que por su parte también demandan salsa de tomate y chiles verdes, a más de crema fresca, trocitos de mantequilla y queso Chihuahua, en rebanadas, para gratinarlas.

El pastel de tortilla es un magnífico budín. Va al horno, en capas sucesivas, alternando las tortillas fritas con salsa de jitomate, jamón, queso desmoronado y crema. Y llega su vez a las empanadas. Se incluyen dos buenas fórmulas, de gran antojo. Las coloradas, por el achiote con el que se revuelve la masa para las tortillas, son de lomo de cerdo. Luego se presentan las de camarón. Teniendo a la mano los camarones frescos, la receta no es demasiado complicada; la salsa para acicalarlas debe incorporar chiles verdes y chiles de árbol.

Concluye el apartado con un antojo tropical: los bollos de plátano. A la pasta de plátano macho, se incorpora cebolla desflemada en vinagre, queso y puré de jitomate. Se fríen en mantequilla y hay que servirlos en una salsa de jitomate, cebolla y chiles serranos. Originales y sabrosos.

... porque acaso
el reino de la dicha sólo es
tocar, oír, oler, gustar y ver.

Responso del peregrino
ALÍ CHUMACERO

Tamales de elote

12	elotes
15	hojas de elote
4	barras de mantequilla
3	calabacitas (chicas)
3	tazas de azúcar
2	cucharadas de polvo para hornear

❦ Rebanar los elotes y las calabacitas; licuarlos.
❦ Derretir mantequilla y mezclarla con los elotes y las calabacitas; agregar azúcar y polvo para hornear; batir.
❦ Poner en cada hoja una porción de masa y envolver.
❦ Cocer a vapor durante hora y media.
❦ Rinde 8 raciones.

Receta de Blanca Torres Tapia

Sopa de tamales de elote

1/4 k	queso asadero
50 g	mantequilla
12	tamales de elote
2	chiles poblanos (asados y en tiritas)
1	taza de crema
1	taza de natas (o 1/4 k de crema)

❦ Partir los tamales (sin hojas) a lo largo, en tres tiras.
❦ En un molde untado de mantequilla acomodar capas sucesivas de tamales, queso rallado, tiritas de chile y crema (la última capa debe ser de chiles); cubrir con natas o crema.
❦ Meter al horno durante quince minutos aproximadamente, hasta que se derrita el queso.
❦ Rinde 6 raciones.

Receta de Mariana Prado

Tamales de puerco estilo Nayarit

1 k	masa
400 g	manteca de puerco
200 g	carne de puerco (en trocitos)
400 g	manteca de puerco
3	jitomates
2	chiles guajillo (desvenados y limpios)
1	diente de ajo
1	cucharada de bicarbonato
1	cucharada de polvo para hornear
·	cominos
·	hojas de maíz
·	manteca

❦ Cocer la carne con agua y sal.
❦ Batir la masa con caldo de puerco, polvo para hornear y bicarbonato; batir la manteca e incorporarla a la masa; añadir sal al gusto.
❦ Poner en el fuego una sartén con manteca, agregar chiles, jitomates, comino y ajo (molidos).
❦ Agregar la carne cocida y un poco de caldo (en caso necesario).
❦ Preparar los tamales sobre hojas de maíz remojadas: colocar un poco de masa y el guiso de carne.
❦ Cocer a vapor hasta que los tamales se separen de la hoja.
❦ Rinde 8 raciones.

Receta de Waldina de León de Núñez

Sopes

1 k	masa
1/4 k	frijoles cocidos
1/4 k	jitomates (machacados y fritos)
1/4 k	manteca de cerdo
1/4 k	papas (cocidas y partidas en cuadritos)
2	chiles anchos (desvenados y molidos)
1	cebolla morada en rodajas (curtida en limón)
1	queso fresco
·	lechuga
·	rábanos

❧ Hacer tortillas con la masa y pellizcarlas en la orilla para hacerles un bordo; pasarlas por chile ancho molido.

❧ Freír en manteca caliente y dejarlas dorar un poco; poner en cada tortilla una cucharadita de frijoles machacados y papa.

❧ Dorar al gusto, escurrir la grasa y acomodar en un plato plano.

❧ Servir con lechuga picada, cebolla, queso, salsa de jitomate y rabanitos.

❧ Rinde 8 raciones.

Receta de Blanca Torres Tapia

Indios vestidos

200 g	jitomate
8	tortillas de maíz
2	chiles anchos
2	huevos
1	cebolla
1	diente de ajo
1/4	litro de caldo de pollo
2	tazas de manteca
2	cucharadas de harina
·	harina
·	palillos de dientes
·	queso fresco
·	sal y pimienta, al gusto

❧ Partir las tortillas a la mitad, ponerles una tira de queso y enrollar en forma de taco (sujetar con palillos de madera).

❧ Espolvorear harina y pasar por huevo batido mezclado con dos cucharadas de harina; freír en manteca y dejarlos dorar.

❧ Sumergirlos en la salsa y darles un hervor; servirlos calientes.

❧ Para preparar la salsa, freír jitomate asado y molido con cebolla, ajo y los chiles remojados, agregar sal al gusto; al empezar a hervir, añadir caldo y sazonar con sal y pimienta.

❧ Rinde 6 raciones.

Receta de Yolanda Magallanes Leal

Gorditas de frijol

250 g	masa de maíz
50 g	chorizo o chicharrón
5	chiles anchos (desvenados y limpios)
2 1/2	jitomates
1	diente de ajo
1/2	taza de cebolla
3 1/2	cucharadas de frijol cocido
1	cucharadita de manteca
·	sal, al gusto

❧ Mezclar la masa con frijol cocido, sal y manteca; preparar las gorditas y cocerlas en comal (procurar que se dore la superficie).

❧ Moler jitomates con chiles (tostados y remojados), ajo y sal; freír con chorizo y cebolla.

❧ Rellenar las gorditas con esta salsa.

❧ Rinde 6 raciones.

Receta de J. Evelia Carrillo Jáuregui

Enchiladas mexicanas

12	tortillas
4	chiles verdes serranos
2	tazas de tomate verde
1	diente de ajo
1	pedazo de cebolla
1	taza de carne de res (cocida y deshebrada)
1/2	taza de frijol bayo (cocido)
1/2	taza de queso fresco
·	aceite
·	cilantro
·	sal, al gusto

- ❦ Licuar los frijoles cocidos con su propio caldo (agregar un poco de agua fría en caso necesario).
- ❦ Cocer los tomates (pelados) con los chiles en un poco de agua, escurrir y moler con cebolla, ajo y cilantro; sazonar con sal.
- ❦ Pasar las tortillas, una por una, por el caldo de frijol y freírlas en aceite caliente (no dejarlas dorar).
- ❦ Rellenarlas con carne y cubrirlas con salsa y queso desmoronado; servirlas recién preparadas.
- ❦ Rinde 6 raciones.

Receta de J. Evelia Carrillo Jáuregui

Enchiladas al horno

250 g	tomate verde
150 g	queso Chihuahua (rebanadas delgadas)
12	tortillas
3	chiles verdes
1	diente de ajo
1	trozo de cebolla
1	taza de pollo (cocido y desmenuzado)
4	cucharadas de mantequilla
2	cucharadas de cilantro
	crema
	manteca de cerdo
·	sal, al gusto

- ❦ Pelar los tomates y ponerlos a cocer junto con los chiles, retirar y moler con cebolla, ajo y cilantro; freír (sin colar) en manteca de cerdo.
- ❦ Engrasar con mantequilla un recipiente refractario, acomodar las tortillas pasadas por manteca, rellenas de pollo.
- ❦ Cubrir con salsa (debe estar ligera) y añadir rebanadas de queso, crema y trocitos de mantequilla.
- ❦ Hornearlas para que el queso gratine.
- ❦ Rinde 6 raciones.

Receta de María de los Ángeles Cota G.

Pastel de tortilla

1/4 k	jamón
1/2 k	jitomate
1/4 k	manteca
15	tortillas
1/4	litro de crema
·	queso fresco

- ❦ Cocer los jitomates; freír las tortillas en un poco de manteca.
- ❦ Moler los jitomates, colar y freír; cortar el jamón en pedacitos.
- ❦ En un recipiente refractario, untado de mantequilla, colocar capas sucesivas de tortillas con salsa de jitomate, pedacitos de jamón, queso desmoronado y crema.
- ❦ Calentar a vapor para que no se desbaraten las tortillas; servir caliente.
- ❦ Rinde 6 raciones.

Receta de María Teresa Ramos Zamora

Empanaditas coloradas

1 k	masa para tortillas
200 g	harina
2	cucharadas de achiote (disuelto en agua)
1	cucharadita de polvo para hornear
·	sal, al gusto

Relleno

1/2 k	jitomates
1/2 k	lomo de cerdo (cocido y deshebrado)
1/2	cebolla
1/2	taza de crema
3	cucharadas de aceite
·	sal, al gusto
·	aceite

❦ Mezclar los ingredientes y amasar hasta obtener una pasta tersa.
❦ Hacer las tortillas, rellenarlas y doblarlas a la mitad.
❦ Para preparar el relleno, freír el lomo, agregar jitomate molido con cebolla; dejar en el fuego hasta que la salsa espese, sazonar con sal.
❦ Freír las empanadas en aceite caliente y servirlas con crema.
❦ Rinde 8 raciones.

Receta de Marta Imelda Partida Huerta

Empanadas de camarón

1 k	camarones frescos
1/2 k	harina de maíz
1	chile ancho
1	diente de ajo
1	litro de agua
1/2	cucharadita de orégano
·	aceite
·	sal, al gusto

Salsa

8	tamales verdes de hoja
3	chiles de árbol
3	chiles verdes
3	jitomates medianos
1	diente de ajo
·	cilantro
·	sal, al gusto

❦ Cocer los camarones en un litro de agua, con chile ancho, orégano, ajo y dos cucharaditas de sal, hervir tres minutos; retirar y apartar los camarones.
❦ Quitarles la cáscara cuando enfríen y picarlos finamente.
❦ Apartar las cabezas para licuarlas con el caldo sobrante y sus condimentos, incluyendo el chile ancho; dejar enfriar y colar.
❦ Agregar poco a poco harina de maíz hasta que quede una mezcla de consistencia adecuada para hacer las tortillas.
❦ Hacer las tortillas en una tortilladora manual, agregar un poco de camarón picado, doblar la tortilla a la mitad.
❦ Freír las empanadas en aceite caliente hasta que tomen color dorado; quitarles el exceso de aceite con una servilleta.
❦ Para preparar la salsa, cocer los ingredientes (excepto el cilantro) en un poco de agua, licuar con cilantro.
❦ Servir las empanadas con salsa, aguacate y limón al gusto.
❦ Rinde de 6 a 8 porciones.

Receta de Soraya Paredes Quintero

Bollos de plátano

1 k   plátano macho (sin cáscara)
1/2 k   jitomate asado
200 g   mantequilla
125 g   queso añejo (rallado)
50 g   harina
2   cebollas picadas
2   huevos
1   taza de vinagre

Salsa

1/2 k   jitomate asado
3   chiles serranos
1   cebolla
2   cucharadas de manteca

- Cocer el plátano en agua con sal, escurrir y moler; mezclar con los huevos y dos cucharadas de harina.
- Formar una pasta y extenderla sobre una mesa enharinada; cortar ruedas de 10 cm de diámetro y un cm de espesor.
- Rellenar cada rueda con un poco de cebolla desflemada en vinagre, queso y puré de jitomate espeso.
- Formar los bollos y dorarlos en mantequilla; servirlos calientes con salsa y rabanitos.
- Para preparar la salsa, freír en manteca cebolla picada, agregar jitomate (molido y colado) y los chiles picados.
- Sazonar y hervir hasta que espese.
- Rinde 6 raciones.

Receta de Agustina García

Caldos y Sopas

CALDOS Y SOPAS

Buena selección de recetas, variada y apetitosa, ofrece este segundo apartado de la cocina familiar nayarita. Ello se explica fácilmente por la riqueza de su huerto y sus extensos litorales, que permiten que las más de las fórmulas puedan satisfacerse con productos regionales.

Aunque por el título evoca días ingratos, la verdad es que el caldo de cuarentena es reconfortante. En tan sano principio, el comino y los hilitos de azafrán le quitan a la gallina –al decir de las cocineras– el sabor a plumas. Más condimentado resulta, en cambio, el caldo mexicano con su jitomate, especias y una taza de arroz para darle mayor consistencia.

Se columbra el mar y sus tesoros. ¿Qué tal un buen caldo de camarón? Se sugiere con papas, jitomate y bolitas de masa. Pero también puede prepararse una sopa de camarón seco: lleva aceite de oliva y chiles cascabel. O aprovechar el crustáceo –qué maravilla– en un pozole de camarón, es decir, con la nutritiva compañía del maíz descabezado, el picor de los chilacates y el punto preciso del orégano espolvoreado.

Verdadera sopa marinera, al mexicano modo, es el chilpachole de jaiba. Tiene un toque de allende los mares –una pizca de jengibre–, y sazón nacional con el generoso empleo de los chiles guajillo y cola de rata. Pocos brebajes son más restauradores y apetitosos que este chilpachole, con el cual se hace sudar al más plantado.

La sopa de tortillas y nata es una sopa seca que bien podría ir, como aparece alguna prima hermana, en la sección de los antojos. Esta buena torta se prepara con lácteos (mantequilla, nata, queso, crema) y chiles poblanos sobre la base de tiritas fritas de tortilla. Sencillo y original mestizaje. Sigue una sopa de papa que también se confecciona con nata y leche, y adquiere un rico sabor ahumado con un poco de tocino frito disuelto en el cremoso líquido (caldo de pollo) que baña a los tubérculos.

Garbanzo y chorizo, casi al hispánico modo, son los ingredientes principales de otra sopa que parte también de un caldo de pollo, se aliña con jitomate, cebolla y ajo y, como si fuera poco, se sirve con cuadritos de pan fritos en manteca. Una sopa sustanciosa.

Se llega así al ámbito de las verduras y aquí las que propone Nayarit son muchas y variadas y sabrosas. La primera receta, sin embargo, se llama sopa seca; quizá para entenderla mejor cabe explicar que se trata de una rica mixtura nacional, elotes y calabacitas, con jitomates, cebolla y ajo, que tras haberse frito, se sirve seca. La receta siguiente pide también humildes calabacitas, aunque aclara que de las más pequeñas y tiernas, que cuece y deja enfriar para cubrirlas con mayonesa y llevarlas a la mesa adornadas con rabanitos en forma de flor.

La torta de habas es una nutritiva torta horneada. De habas es la pasta, pero el relleno es de chícharos y calabacitas. Se baña con salsa de jitomate. Sigue después la fórmula de una ensalada mixta: incluye zanahoria, pepino, apio, betabel, lechuga y rábanos; se aliña con aceite y limón y –clave singular– se rocía con coco rallado. Acto seguido se imprime una fina receta: la de unas alcachofas, chiquitas y tiernas, que se cocinan al vapor y se condimentan con aceite, ajo y perejil.

Fértiles huertos aprovecha la cocina familiar nayarita, así que se continúa con tres platillos de verduras rellenas. En primer lugar, unos aguacates que ofrecen un gratísimo puré que combina la pulpa suave y aterciopelada del fruto con la consistencia de la papa.

Un garbanzo no hace puchero, pero ayuda a su compañero

Luego unos jitomates "fáciles", lo que significa que su interior –chícharos, pastel de pollo, mayonesa– se prepara en un momento y sin mayores dificultades. Y, al cabo, se sugiere cómo rellenar unos chiles con papas y nueces y saborearlos junto con una ensalada primavera, o sea de trocitos de piña y perón rallado. Unos y otra se cubren de crema nívea y, por encima, se esparcen rojos granos de granada. Sumamente práctica resulta la fórmula de los chiles en vinagre. Se utilizan chiles manzano, amarillos, que se acompañan de algunas verduras: nopales, zanahorias, calabacitas, cebollas y ajos. Y se arriba así a las recetas finales. La de verdolagas con hongos exige cuidado al hacerla y conviene –con perdón– sopearla con tortillas, igual que los frijoles con los que se cierra el apartado. Los arrieros son un guiso buenísimo, de notable sabor, pues se cocinan con costillas de res, asadas y secas, que les dan la sal y cierta nostalgia campirana, y los puercos –que así se llaman–, llevan salsa huichol y chorizo y sardinas y jamón endiablado. Originales y sabrosos.

Caldo de cuarentena

1	gallina (en piezas)
8	hilitos de azafrán
1	pizca de comino
1	cebolla picada
·	aceite
·	sal, al gusto

❦ Cocer la gallina en dos litros de agua, separar la pechuga y licuarla con azafrán, comino y un poco de caldo (no debe quedar espesa).

❦ Freír la cebolla en aceite, incorporar la mezcla anterior y hervir a fuego lento; añadir el resto de la gallina y el caldo.

❦ Dejar hervir nuevamente y condimentar con sal.

❦ Rinde 6 raciones.

Receta de Ester Ramírez Bravo

Caldo mexicano

1/4 k	jitomate
8	dientes de ajo (picados)
1/2	cebolla picada
8	tazas de caldo
1	taza de arroz
2	cucharadas de manteca
·	canela
·	chiles en vinagre
·	orégano y clavo
·	sal, al gusto

❦ Lavar el arroz con agua tibia y dejarlo escurrir; freírlo en manteca con cebolla y ajo.

❦ Agregar jitomate molido con especias y dos tazas de caldo, dejar hervir hasta que se cueza (no se debe revolver).

❦ Añadir el caldo sobrante para lograr consistencia de sopa; rectificar el punto de sal.

❦ Servir con chiles en vinagre.

❦ Rinde 6 raciones.

Receta de J. Jésus Flores de Santiago

Caldo de camarón

1/4 k	camarones frescos
1/4 k	jitomates
1/4 k	papas
4	dientes de ajo
3	chiles pasilla (remojados y limpios)
3	hojas de laurel
1	trozo de cebolla
1	taza de masa de maíz
3	cucharadas de aceite
1	cucharada de manteca
·	sal y pimienta, al gusto

❦ Licuar los chiles con ajo y cebolla y freír en aceite caliente.

❦ Al resecar, añadir jitomate molido y colado, revolver y agregar tres litros de agua, sazonar con pimienta; dejar hervir.

❦ Añadir los camarones lavados (con cáscara), hojas de laurel y las papas (peladas y cortadas en tiritas); condimentar con sal.

❦ Mezclar la masa, manteca y sal; amasar y formar pequeñas bolitas que se agregan al caldo hirviendo; dejarlas cocer.

❦ Rinde 6 raciones.

Receta de María López García

Sopa de camarón seco

1/2 k	camarones secos y limpios
2	chiles cascabel
2	jitomates
1	cebolla
1/2	taza de aceite de oliva
·	perejil

- Remojar los camarones durante doce horas, reservar el agua y cocer los camarones en agua limpia; pelarlos.
- Mezclar el agua de remojo y de cocción de los camarones y ponerla a hervir con chile cascabel.
- Por separado, freír cebolla finamente picada en aceite de oliva, añadir los jitomates (picados) y, por último, el perejil (picado).
- Agregar esta salsa al caldo junto con los camarones.
- Servir con rajitas de limón.
- Rinde 6 raciones.

Receta de Magaly León de Luna

Pozole de camarón

1/2 k	camarón crudo
1/2 k	maíz descabezado
1/4 k	manteca
1	cabeza de ajo
1	cebolla
1	chilacate
10	tazas de agua
·	orégano
·	sal y pimienta, al gusto

- Cocer el maíz con una cabeza de ajo, retirarla y agregar una cebolla cortada en cruz.
- Pelar los camarones, sazonar con sal y pimienta y quitar las cabezas.
- Calentar manteca en una sartén, agregar los camarones hasta que se pongan rojos; verter a la olla del maíz cocido.
- Colocar las cabezas crudas de los crustáceos en esa misma sartén, hasta que se pongan rojas; agregar agua del maíz cocido, colar e incorporar a la olla del pozole junto con chile, orégano y pimienta molidos.
- Servir cuando el maíz esté reventado.
- Rinde 10 raciones.

Receta de Susana Carrillo de Jimenéz

Chilpachole de jaiba

8	jaibas grandes
4	chiles guajillo
3	chiles cola de rata
3	dientes de ajo
1/2	taza de masa
·	aceite
·	cilantro
·	jengibre
·	sal, al gusto

- Lavar las jaibas, partirlas a la mitad (retirarles la esponjita y el caparazón antes de partirlas).
- Tirar las tenazas que no tienen carne y reservar las gruesas.
- Diluir masa en un poco de agua y colar; licuar los chiles con ajo y colar, freír en poco aceite.
- Incorporar la masa colada y los chiles, agregar sal, jengibre y cilantro; dejar hervir.
- Añadir las jaibas junto con las tenazas, dejarlas hervir solamente cinco minutos para que no se desbaraten.
- Rinde 8 raciones.

Receta de Antonia Betsabé Lárraz de Salas

Sopa de tortilla y nata

300 g	jitomate
250 g	tortillas frías
150 g	manteca
50 g	mantequilla
50 g	queso rallado
2	chiles poblanos (asados, pelados y en rajas)
1	cebolla
1	taza de nata
1/2	taza de crema
·	sal y pimienta, al gusto

- Quitar las orillas a las tortillas, cortarlas y ponerlas a secar; freírlas ligeramente en manteca (no deben dorarse).
- En un platón refractario, engrasado de mantequilla, colocar capas sucesivas de tiritas de tortilla, salsa, nata, crema, queso rallado y trocitos de mantequilla; hornear.
- Para preparar la salsa, acitronar cebolla finamente picada en un poco de manteca, agregar chiles, jitomates (asados, molidos y colados), sal, pimienta y ajo; dejar hervir un rato para que espese.
- Rinde 6 raciones.

Receta de Abelardo Rivera J.

Sopa de papa

1/4 k	tocino picado
3	papas medianas
1/4	litro de nata
3/4	litro de leche
1	litro de consomé de pollo
·	sal, al gusto

- Freír tocino hasta que se dore, agregar papas cortadas en tiritas y la nata; revolver un poco.
- Agregar leche y caldo, dejar hervir; sazonar con sal.
- Rinde 6 raciones.

Receta de María Guadalupe López Mora

Sopa de garbanzo con chorizo

350 g	jitomate
125 g	garbanzo
80 g	manteca
2	dientes de ajo
1	cebolla chica
1 1/2	litros de caldo de pollo
1	taza de cuadritos de pan
·	chorizo
·	sal, al gusto

- Cocer los garbanzos, licuarlos y mezclarlos con un poco de caldo.
- Freír el chorizo en manteca y licuar con jitomates asados, cebolla y ajo; freír esta mezcla, dejarla sazonar y agregar el caldo de pollo con los garbanzos.
- Condimentar con sal y pimienta y dejar hervir.
- Servir con cuadritos de pan dorados en manteca.
- Rinde 6 raciones.

Receta de Blanca Lilian Stephens de Hernández

Sopa de calabacitas con elotes

3	*calabacitas*
3	*elotes*
3	*jitomates*
1	*cebolla*
1	*diente de ajo*
·	*aceite*

- Picar las calabacitas en cuadritos, pelar los elotes y rebanarlos, picar los jitomates y la cebolla.
- Freír las calabacitas y los elotes en una cazuela con aceite; agregar un poco de agua y sal y tapar.
- Añadir ajo molido, jitomates y cebolla picados; revolver suavemente para que el guiso no se pegue; servir.
- Rinde 6 raciones.

Receta de Marta Imelda Partida Huerta

Calabacitas con mayonesa

1 k	*calabacitas (pequeñas y tiernas)*
2	*dientes de ajo*
1/2	*cebolla*
·	*rabanitos*
·	*sal, al gusto*
·	*mayonesa*

- Cortar las calabacitas a lo largo.
- Hervir un poco de agua, incorporar las calabacitas con ajo, sal y cebolla, cocer a fuego lento; dejar enfriar.
- Servir con mayonesa y rabanitos en forma de flor.
- Rinde 6 raciones.

Receta de Soraya Paredes Quintero

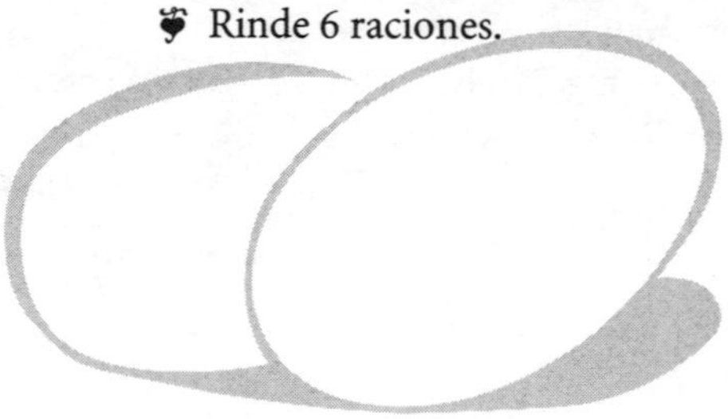

Torta de habas

3/4 k	*haba remojada*
1/4 k	*jitomate (molido con ajo y cebolla y colado)*
4	*calabacitas (cocidas y picadas)*
2	*huevos batidos*
1	*jitomate picado*
3	*cucharadas de aceite*
2	*cucharadas de cebolla picada*
1/2	*taza de chícharos cocidos*
·	*sal, al gusto*

- Cocer las habas, escurrirlas y licuarlas; mezclar dos huevos y sal.
- Freír en aceite cebolla y jitomate (picados), agregar chícharos y calabacitas; sazonar y dejar resecar.
- Verter la mitad de la pasta de habas en un recipiente refractario (previamente engrasado); rellenar con el guisado de verduras y cubrir con otra capa de pasta.
- Cocer en el horno hasta que la torta cuaje; servirla bañada de salsa.
- Para preparar la salsa, freír los jitomates molidos con ajo y cebolla, dejar hervir hasta que se sazone.
- Rinde 6 raciones.

Receta de María Julieta Orduño Parada

Ensalada mixta

25 g	coco rallado
4	rabanitos
1	betabel rallado
1	pepino chico picado
1/4	taza de lechuga picada
1/2	taza de apio picado
1	cucharada de zanahorias rallada
·	piñones o nueces
·	limones
·	aceite

❦ Colocar los ingredientes en un platón y aderezarlos con aceite y limón.
❦ Añadir coco rallado y piñones o nueces.
❦ Rinde 6 raciones.

Receta de Sofía Irma Escudero de Valderrama

Alcachofas al natural

12	alcachofas pequeñas
1/2	litro de caldo de verduras
1/2	limón (el jugo)
4	cucharadas de perejil picado
3	cucharadas de aceite
1	cucharada de ajo picado
·	sal, al gusto

❦ Entreabrir las hojas de las alcachofas, introducir ajo, perejil y aceite; colocarlas en una cazuela de barro.
❦ Tapar y cocer a fuego lento; rociar con una taza de caldo con jugo de limón (no debe quedar caldoso).
❦ Rinde 6 raciones.

Receta de Miguel Ángel Flores Aguirre

Aguacates rellenos de puré

6	aguacates chicos
2	papas medianas cocidas
1	cucharada de cebolla
2	cucharadas de perejil picado
2	cucharadas de queso fresco
·	sal y pimienta, al gusto

❦ Partir los aguacates a la mitad, quitarles el hueso y pelarlos.
❦ Mezclar la pulpa con puré de papa, cebolla, perejil, sal y pimienta; rellenar la cáscara de los aguacates con esta preparación.
❦ Servir con queso fresco rallado.
❦ Rinde 6 raciones.

Receta de Irlanda Quintero de Sandoval

Jitomates rellenos

600 g	pastel de pollo
1/4 k	chícharos
6	itomates grandes
4	cucharadas de mayonesa
·	pimientos morrones
·	sal y pimienta, al gusto

- ❦ Cocer los chícharos.
- ❦ Limpiar los jitomates y quitar con cuidado la cáscara; eliminar las semillas también.
- ❦ Picar finamente el pastel de pollo y mezclarlo con chícharos, mayonesa, sal y pimienta.
- ❦ Rellenar los jitomates y servirlos con rajas de pimiento morrón.
- ❦ Rinde 6 raciones.

Receta de Teresa López de Briseño

Chiles en ensalada primavera

100 g	nueces molidos
50 g	crema
6	chiles poblanos
3	granadas rojas (desgranadas)
3	papas grandes (cocidas)
3	rebanadas de piña
2	perones grandes
·	sal, al gusto

- ❦ Asar los chiles y pelarlos.
- ❦ Machacar las papas cocidas y mezclar con nueces molidas; condimentar con sal y rellenar los chiles.
- ❦ Rallar los perones y cortar la piña en trocitos; mezclar.
- ❦ Colocar la ensalada y los chiles en un platón.
- ❦ Servir con crema y granada.
- ❦ Rinde 6 raciones.

Receta de Antonia Betsabé Lárraz de Salas

Chiles en vinagre

10	chiles manzano amarillos (desvenados)
5	nopales medianos
4	calabacitas medianas
3	cebollas grandes
3	dientes de ajo
3	zanahorias medianas
·	aceite
·	orégano
·	vinagre

- ❦ Picar nopales, zanahorias y calabacitas; ponerlos a cocer.
- ❦ Picar cebolla y ajo, freír con chile cortado en gajos; añadir las verduras y dejar cocer.
- ❦ Agregar orégano y vinagre y dejar en el fuego quince minutos más.
- ❦ Rinde 6 raciones.

Receta de Irlanda Quintero de Sandoval

Verdolagas con hongos

1 1/2 k	verdolagas
1/2 k	hongos
1/4 k	tomate
100 g	pimiento morrón verde
1	ramita de epazote
6	cucharadas de aceite
2	cucharadas de cebolla
1	cucharada de ajo
·	sal, al gusto

- Limpiar las verdolagas (deben quedar solamente las hojas y los tallos tiernos).
- Limpiar los hongos y lavar ambos vegetales cuidadosamente; picar los hongos.
- Acitronar ajo y cebolla en aceite, agregar los hongos y los pimientos morrones picados; dejarlos acitronar un poco y añadir las verdolagas.
- Tapar la cazuela y revolver de vez en cuando; dejar cocer.
- Al final, agregar tomate picado, sal y epazote.
- Rinde 6 raciones.

Receta de Rosa María del Carmen Hernández

Frijoles de arriero

1/2 k	costillas de res (asadas y secas)
1/2 k	frijol azufrado
2	jitomates (partidos en dos partes)
1	cebolla mediana (partida en cuatro partes)
1	ramita de cilantro

- Cocer los frijoles con agua suficiente (sin sal); a la mitad de cocción, agregar las costillas de res, tapar la olla.
- Debido a que la costilla está salada, no es necesario agregar sal a los frijoles.
- Añadir la ramita de cilantro, cebolla y jitomates, dejar hervir a fuego lento quince minutos más.
- Servir los frijoles con tortillas de maíz.
- Rinde 6 raciones.

Receta de Soraya Paredes Quintero

Frijoles puercos

1/2 k	frijoles (cocidos y molidos)
1/4 k	chorizo
1/4 k	queso fresco
100 g	chiles cola de rata
100 g	jamón endiablado
1/2	sardina deshuesada
3/4	taza de manteca de puerco
·	aceitunas
·	chiles jalapeños en rajas
·	salsa huichol (o chiles chipotle)
·	tostadas

- Lavar y dorar los chiles cola de rata en manteca, retirarlos y dorar ahí mismo el chorizo.
- Agregar los frijoles y revolver bien; incorporar sardina, jamón endiablado y salsa huichol.
- Revolver y dejar hervir hasta ver el fondo de la cacerola.
- Servir con queso, rajas, tostadas y aceitunas.
- Rinde 10 raciones.

Receta de J. Evelia Carrillo Jáuregui

Ceviche de pescado sierra

1 k	pescado sierra
1/2 k	cebolla
1/2 k	limones
1/4 k	jitomate
1/4 k	zanahoria
1	lata chica de chícharos
1	lata de chiles jalapeños
1	taza de mayonesa
1/2	taza de cilantro picado
1/2	col

- Cortar el pescado en cuadritos y ponerlos en jugo de limón durante tres horas.
- Picar la verdura en cuadritos y mezclar con el pescado; añadir mayonesa al gusto.
- Incorporar la col finamente picada; servir con salsa borracha.
- Rinde 8 raciones.

Receta de Miguel Angel Flores Aguirre

Conchas de jaiba

12	jaibas (cocidas)
3	jitomates rojos (asados, molidos y colados)
2	pimientos morrones rojos (asados, pelados y picados)
1	cebolla picada
1/4	taza de aceite de oliva
1/2	taza de aceitunas picadas
1/2	taza de pan molido
1/2	taza de alcaparras
2	cucharadas de mantequilla
1	cucharada de manteca
·	sal y pimienta, al gusto

- Extraer la carne de la concha de las jaibas (con mucho cuidado para que queden enteras).
- Freír en manteca cebolla y pimientos morrones rojos; agregar jitomates, carne de las jaibas, aceitunas y alcaparras.
- Sazonar con sal y pimienta, freír hasta que el guiso reseque un poco.
- Rellenar las conchas previamente lavadas y untadas con mantequilla.
- Añadir aceite de oliva y pan rallado, hornear hasta que se doren.
- Servirlas calientes.
- Rinde 8 raciones.

Receta de María Julieta Orduño Parada

Torta de camarón seco con nopales

1/4 k	camarón seco (molido)
3	huevos
·	aceite
	Salsa
4	nopales (cocidos y picados)
2	jitomates
1	cebolla
1	diente de ajo
1	ramita de cilantro
·	aceite
·	orégano
·	sal y pimienta, al gusto

- Batir los huevos a punto de turrón, agregar polvo de camarón y revolver bien para hacer las tortas; freírlas en aceite caliente.
- Incorporar las tortas de camarón, nopales y cilantro a la salsa; dejar hervir diez minutos.
- Para preparar la salsa, cocer los jitomates y licuarlos con ajo, pimienta, orégano, cebolla y sal; freír y agregar un poco de agua, hervir.
- Rinde 6 raciones.

Receta de Marta Imelda Partida Huerta

Nayarit

Albóndigas de camarón

3/4 k	camarón fresco (cocido o molido)
2	huevos
1	chile guajillo (molido y hervido)
1	diente de ajo
1	ramita de cilantro
3	tazas de caldo de camarón
2	cucharadas de harina de maíz
·	comino
·	aceite
·	cebolla

❦ Licuar chile, ajo y comino con un poco de caldo de camarón (colado).
❦ Acitronar cebolla y agregar el chile molido.
❦ Disolver dos cucharadas de harina de maíz en un poco de caldo y agregar al caldillo, sin dejar de revolver; esperar a que el guiso tome consistencia.
❦ Añadir cilantro, un poco de sal y dejar hervir todo junto.
❦ Rinde 8 raciones.

Receta de Magaly León de Luna

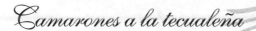

Camarones a la tecualeña

3/4 k	camarón fresco
1/4 k	jitomate
1/4 k	queso asadero
1/4	cebolla blanca
1	barra de mantequilla
·	aceite
·	ajo
·	chiles verdes
·	lechuga y rabanitos
·	sal y pimienta, al gusto

❦ Pelar los camarones, agregar ajo picado, sal y pimienta; reposar.
❦ Picar jitomates, chiles y cebolla y freír en aceite hasta que suelten el jugo.
❦ Untar mantequilla en un recipiente refractario, colocar los camarones con salsa y un pedacito de mantequilla; hornear a fuego suave.
❦ Cuando los camarones se pongan rojos, sacarlos y ponerles queso asadero en forma de flor; hornear nuevamente.
❦ Servir con arroz blanco, lechuga y rabanitos.
❦ Rinde 6 raciones.

Receta de Juana Parada Ulloa

Camarones a la cucaracha

1/2 k	camarón fresco
100 g	mantequilla
2	chiles guajillo
2	dientes de ajo
2	cucharadas de orégano seco
1	pizca de comino
·	sal, al gusto
	Adorno
6	jitomates
4	chiles verdes
3	cebollas
1	lechuga
·	cilantro

❦ Lavar y cocer los camarones en agua con sal; dejar reposar.
❦ Licuar los chiles ligeramente tostados y remojados con orégano, comino, ajo y sal; incorporar a los camarones y dejar reposar 15 minutos.
❦ Freír los camarones a la cucaracha en mantequilla derretida (con cáscara, ojos, barbas y patas).
❦ Servir con lechuga, jitomate y cebolla (rebanados), cilantro y chiles verdes (picados).
❦ Rinde 6 raciones.

Receta de Yolanda Magallanes Leal

Tlatishuile

3/4 k   camarones
1/4 k   masa de maíz
4   dientes de ajo grandes
3   chiles anchos
1   jitomate grande
1   cucharada de aceite
1   cucharadita de cominos
·   orégano
·   sal y pimienta, al gusto

❧ Sancochar los camarones y reservar el jugo que suelten.
❧ Cocer los chiles y el jitomate, licuar con los demás ingredientes (incluyendo la masa); colar.
❧ Freír en aceite y dejar hervir; agregar jugo de camarón.
❧ Al espesar, incorporar los camarones y dejar cocer quince minutos (a fuego lento); servir con jugo de limón.
❧ Rinde 6 raciones.

Receta de Irlanda Quintero de Sandoval

Tarta de pescado

1/2 k   pescado
1/4 k   harina
2   ajos
2   pimientos morrones
2   chiles poblanos
2   papas
2   zanahorias
1   cebolla
1/2   barrita de mantequilla
1/4   litro de aceite
·   sal y pimienta, al gusto
·   laurel

❧ Picar finamente chiles poblanos, pimientos morrones, cebolla, zanahorias, papas y ajo.
❧ Sanconchar el pescado con agua y sal, desmenuzarlo y agregarlo a lo sofrito junto con especias y un poco de caldo; cocer a fuego lento.
❧ Preparar masa con harina y mantequilla, extenderla con un rodillo y colocarla en un molde para tarta (previamente engrasado).
❧ Añadir el pescado, las verduras y cubrir con pequeñas tiras de masa en forma cuadriculada.
❧ Meter al horno veinte minutos.
❧ Rinde 6 raciones.

Receta de Rosa María Villalpando Ortiz

Rollos de pescado

15   aceitunas sin hueso
6   filetes delgados de pescado
6   rebanadas de queso amarillo
2   limones
1/2   taza de crema
1/2   taza de puré de jitomate
1   cucharada de perejil picado
·   chiles en vinagre
·   sal y pimienta, al gusto

❧ Lavar y secar los filetes, ponerles jugo de limón, sal y pimienta; colocarles una rebanada de queso, aceitunas picadas y chiles en vinagre.
❧ Enrollar los filetes y sujetarlos con un palillo.
❧ Mezclar la crema con el puré de jitomate.
❧ Acomodar los rollos de pescado en un recipiente refractario (engrasado); bañarlos con salsa de crema y jitomate, añadir el resto de las aceitunas y perejil.
❧ Cubrir con papel aluminio y hornear media hora.
❧ Rinde 6 raciones.

Receta de María Guadalupe Pereira Méndez

Conchitas de pescado

1/2 k	filete de pescado (partido en cuadritos)
1/2	cebolla
1	yema de huevo
1	taza de agua
1/2	taza de vino blanco
2	cucharadas de cebolla picada
2	cucharadas de crema
1/2	cucharada de harina
·	laurel
·	sal y pimienta, al gusto
·	mantequilla
·	pan molido
·	queso rallado

❦ Cocer los cuadritos de pescado en una taza de agua con media taza de vino blanco, media cebolla, una hoja de laurel, sal y pimienta; colar.

❦ Fundir dos cucharadas de mantequilla y acitronar cebolla, agregar media cucharada de harina; verter el caldo de pescado y revolver.

❦ Cuando la preparación espese, incorporar los cuadritos de pescado, sal y pimienta; retirar y añadir la yema de huevo mezclada con crema.

❦ Servir en seis conchas, espolvorear queso y pan molido y poner encima trocitos de mantequilla; hornear.

❦ Rinde 6 raciones.

Receta de María Antonia Sánchez Marín

Pescado relleno

1 1/2 k	pescado limpio
3/4 k	jitomate
10	chiles serranos picados
4	dientes de ajo
2	cebollas grandes
·	cilantro
·	hojas de plátano
·	sal, al gusto

❦ Salar el pescado mediante cortes poco profundos en los costados; abrirlo luego por el lomo.

❦ Picar jitomates, cebolla, ajo y cilantro; rellenar el pescado.

❦ Extender hojas de plátano en un recipiente de barro, colocar el pescado y envolverlo; tapar el recipiente.

❦ Meter al horno 25 minutos aproximadamente.

❦ Rinde 8 raciones.

Receta de Irlanda Quintero de Sandoval

Pescado asado (ahumado con laurel)

1 1/2 k	robalo
2	limones
1/2	taza de hojas de laurel
1/2	taza de aceite
1/2	taza de cebolla picada
2	cucharadas de perejil picado
·	sal y pimienta, al gusto

❦ Hacer pequeñas hendiduras al pescado limpio.

❦ Untarlo por ambos lados con aceite, cebolla, perejil, sal y pimienta.

❦ Asarlo a la parrilla con carbón (quemar hojas de laurel en el fuego para que el pescado reciba el humo).

❦ Voltearlo con frecuencia hasta que se dore.

❦ Rinde 8 raciones.

Receta de Antonia López Enciso

Pescado zarandeado

2 k   pargo
400 g   jitomates (cocidos y molidos)
5   chiles verdes o serranos
2   limones
1   cebolla mediana
1   cucharada de orégano
·   pepino y cebolla
·   sal y pimienta, al gusto

❦ Abrir el pescado a lo largo por la parte de arriba, hacerle pequeñas hendiduras para sazonarlo con sal, pimienta, orégano y jugo de limón; dejarlo reposar diez minutos.

❦ Asarlo a fuego lento en la zaranda, sobre las brasas, de preferencia con leña de mangle.

❦ Para preparar la salsa, mezclar jitomates, chiles, cebolla y sal, dar un hervor y bañar el pescado.

❦ Servir con rodajas de pepino y cebolla.

❦ Rinde 6 raciones.

Receta de María de Jesús Saldaña de M.

Pescado para Ana María

1 1/2 k   pargo entero
1/4   litro de salsa bechamel
1   lata de ostiones
1   lata de puntas de espárrago
4   cucharadas de pan molido
1   cucharada de perejil picado
·   aceite
·   limones
·   sal y pimienta, al gusto

❦ Abrir el pescado a la mitad, sacarle las espinas, limpiarlo perfectamente y rellenarlo con la siguiente preparación:

❦ Mezclar salsa bechamel con ostiones y espárragos (escurridos y picados) y perejil.

❦ Colocar el pescado relleno sobre una charola para horno, sazonar con aceite, sal, pimienta y limón; espolvorear pan molido.

❦ Meterlo al horno, a calor regular, durante treinta minutos.

❦ Rinde 8 raciones.

Receta de Enerino A. Melín Valdés

Aves y Carnes

AVES Y CARNES

Gran abundancia de recetas para la carne de pollo y de cerdo ofrece este apartado y, en verdad, algunas merecen considerarse con la categoría de clásicas en su materia. Los volátiles inician el festín y hay fórmulas para escoger. El pollo, en su jugo, se cocina lentamente en cacerola y se acompaña con algunas verduras. El chileatole, por su parte, demanda una buena cantidad de elotes y un caldillo que lleva jitomates y chiles anchos. A su vez, el pipián rojo para el ave se elabora con ajonjolí, clavo y canela, a más de los chiles anchos y jitomates que redondean su sabor y color.

Dos fórmulas más, probablemente de ascendencia europea, se dedican a las gárrulas aves. El pollo en naranja no sólo aprovecha bien los cítricos locales, sino que enriquece el platillo con pasas, almendras y un poco de tocino. Ultramarina debe ser, igualmente, la fórmula del pollo en salsa de higaditos, con un variado recaudo de verduras, hierbas de olor, especias como el clavo y la canela, vino tinto, alcaparras y aceitunas. Una sinfonía gastronómica.

El pollo estilo Tepic pide, en su turno, acordes sonoros. Su fórmula es sencilla y prometedora. El ave se dispone con verduras, papas y calabacitas, y se cubre con una deleitosa salsa de jitomate. Y hay que juntar la gran orquesta con el mariachi y tal vez una tambora. Se trata de celebrar a la gallina manchamanteles que se ofrece con su caudal de especias y verduras. A tan ilustre puchero –plato fuerte que bien puede ser el único de una sustanciosa comida– se acostumbra agregar, además, algo de chorizo y plátano frito.

Con los bosques y selvas nayaritas, cabría esperar varias recetas de caza. La selección de la cocina familiar presenta, sin embargo, sólo una, la del conejo en mostaza. Ahora bien, la fórmula resulta excelente, con sus especias finas, tocino, vino blanco, y, por supuesto, la grave sazón de la mostaza.

Luego, ante la ausencia de otras piezas cinegéticas e, incluso, la del ganado mayor, que escasamente se asoma, se llega al reino de su majestad gorrina, pues es más de una docena de recetas las que se incluyen para paladear la carne del cerdo, y gozarla en pleno. Conviene examinarlas.

Al antojo de las patitas de animal, en escabeche y con aceite de oliva, hay que agregar algunos auténticos platos de resistencia. Por ejemplo, el puerco en salsa de jitomate –con cacahuate tostado y un pedacito de canela– o el espinazo en mole verde con chile ancho, tomate, elotes, chícharos y especias. Otras ricas fórmulas para el chancho lo sugieren cocinado con pulque –y se logra así un sápido borracho– o entomatado –para una pierna con tomates verdes– y aun en chiles chipotle –los cuales dan al lomo un magnífico sabor.

Y más, que el cerdo es aprovechable en todo. Las costillas a la mostaza, valga aclararlo, son unas señoras costillas. Bien untadas con una pasta de chiles jalapeños, chiles pasilla y mostaza, luego se hornean. Se recomienda servirlas con ensalada fresca. La versión nayarita de la cecina la confecciona con la carne del marrano y la adoba por seis días, luego –explica– la carne curada se fríe o se asa cada vez que se necesita.

Siguen tres fórmulas de gran provecho: adobo, pipián y mole. El primero se hace con chiles anchos y lleva chocolate y canela. La versión del pipián, si bien más complicada, es de fina cocina; el lomo de cerdo se sustenta con la espesa y deleitosa salsa de las semillas de calabaza, cacahuate, maíz cocido y muchos y diversos

Para mí quisiera el maíz y no pa'l endino puerco

ingredientes. El mole que se propone es fácil y bueno, baño magnífico para aliñar al puerco del caso.

Llegando, de tal modo, al final de este apartado, se anuncia tímidamente una res. Pero no viene sola, la vigila un chivo. Y con ambos se elabora la birria que propone la cocina familiar de la entidad. El jerez seco y una pizca de jengibre dan a esta birria un gusto particular, grato e inusual. Otra res se asoma, mas —claro está— viene ahora con don marrano, y con tal pareja se hornea el pastel de carne que cierra la serie. Un pastel con salchichas, aceitunas y chile poblano, rendidor y nutritivo.

Pollo en su jugo

1	pollo (en piezas)
2	chayotes
2	chiles poblanos (en rajas)
2	papas
2	zanahorias
1	cebolla
1	jitomate
·	vinagre
·	sal y pimienta, al gusto
·	manteca

❦ Untar el pollo con vinagre, sal y pimienta

❦ Ponerlo al fuego con un poco de manteca, tapar a que suelte el jugo (revolver para evitar que se pegue).

❦ Agregar un poco de agua (en caso necesario).

❦ Picar la verdura, incorporarla cuando el pollo esté a medio cocer.

❦ Tapar y dejar cocer a fuego lento; sazonar al gusto.

❦ Rinde 6 raciones.

Receta de Rosa Elena Norato Lorenzana

Chileatole de pollo

1	pollo (en piezas)
1/2 k	jitomate
12	elotes
2	chiles anchos
1	cebolla
1	diente de ajo
·	queso panela
·	aceite

❦ Cocer el pollo con la cebolla entera, retirar a medio cocer.

❦ Hervir los jitomates y los chiles (sin semillas), licuar con dos elotes desgranados y ajo; colar y freír.

❦ Incorporar al recipiente del pollo junto con los demás elotes partidos en pedazos; dejar cocer.

❦ Servir con queso.

❦ Rinde 8 raciones.

Receta de María Ester Ramírez Bravo

Pipián rojo con pollo

1	pollo (en trozos)
6	chiles anchos
3	jitomates
2	dientes de ajo picados
1	cebolla rebanada
3	tazas de agua
8	cucharadas de ajonjolí
1	pizca de clavo molido
1	pizca de canela molida
·	aceite
·	sal, al gusto

❦ Cocer los trozos de pollo en tres tazas de agua con sal.

❦ Tostar ligeramente el ajonjolí.

❦ Tostar, desvenar y remojar los chiles; licuar con jitomates, ajo, cebolla y ajonjolí.

❦ Freír hasta que la preparación sazone; añadir clavo, canela y sal.

❦ Incorporar las piezas de pollo y dos tazas de caldo; dejar hervir diez minutos.

❦ Rinde 6 raciones.

Receta de Rosa María Villalpando Ortiz

Pollo en naranja

1	pollo
1/2 k	jitomates
50 g	pasas
50 g	tocino
30 g	almendras
8	chiles en vinagre
4	huevos cocidos
4	naranjas (el jugo)
1	cebolla
·	manteca
·	sal y pimienta, al gusto

❧ Cocer el pollo con sal, pimienta y cebolla; asar y licuar los jitomates y freírlos en manteca, agregar el pollo y tocino.

❧ Añadir jugo de naranja, un poco de caldo, pasas, almendras picadas, huevos cocidos y picados, sazonar con sal y pimienta; dejar hervir.

❧ Retirar el guiso del fuego, agregar chiles en rajas y servirlo caliente.

❧ Rinde 6 raciones.

Receta de Berta Alicia Robledo Cervantes

Pollo en salsa de higaditos

2	pollos grandes
4	hígados de pollo (cocidos)
12	aceitunas
4	pimientas
2	cebollas chicas
2	dientes de ajo
1	clavo
1	jitomate
1	rajita de canela
1	zanahoria
1/2	bolillo remojado en leche
1/4	taza de vino tinto
1	cucharada de alcaparras
·	aceite
·	hierbas de olor
·	sal, al gusto

❧ Partir el pollo en raciones; cocerlas con un diente de ajo, cebolla, sal y una zanahoria.

❧ Licuar el jitomate con clavo, pimientas, canela, un diente de ajo, un trozo de cebolla, pan remojado y los hígados cocidos.

❧ Freír esta pasta en aceite, sazonarla; agregar un cuarto de litro de caldo, las piezas del pollo y el vino.

❧ Sazonar con sal y pimienta y dejar hervir a fuego lento durante veinte minutos.

❧ Al final, incorporar aceitunas y alcaparras.

❧ Rinde 8 raciones.

Receta de Delia Aguilera Bernal

Pollo estilo Tepic

1   pollo mediano (en raciones)
1/2 k   calabacitas cocidas
1/2 k   jitomates cocidos
1/2 k   papas cocidas
3   dientes de ajo
2   cebollas
1   lechuga picada
1   cucharada de chile piquín
      molido
1   cucharadita de orégano
      molido
·   aceite
·   vinagre
·   manteca
·   sal y pimienta, al gusto

❦ Cocer el pollo con ajo, una cebolla y sal; colar y sancochar en manteca.
❦ Freír las papas rebanadas, partir las calabacitas y sazonar con aceite, vinagre, sal y pimienta
❦ Colocar el pollo en un platón con las papas y las calabacitas.
❦ Cubrir con salsa de jitomate, añadir lechuga, chile piquín y orégano.
❦ Para preparar la salsa, licuar los jitomates con una cebolla, sal, pimienta, dos cucharadas de aceite y dos de vinagre; freír.
❦ Rinde 6 raciones.

Receta de Francisca López Jaimes

Gallina manchamanteles

1   gallina grande (en raciones)
1/2 k   jitomate
100 g   chorizo
50 g   manteca
10   chiles en vinagre
6   pimientas gruesas
3   plátanos grandes
2   chiles anchos
1   bolillo
2   cebollas medianas
1   diente de ajo
1   raja de canela
1/2   litro de caldo
1/2   taza de vinagre
3   cucharadas de aceitunas
1   cucharadita de azúcar
·   hierbas de olor
·   sal y pimienta, al gusto

❦ Limpiar y cocer la gallina con una cebolla, seis pimientas gruesas y hierbas de olor.
❦ Freír chorizo en manteca y retirar; en esa misma manteca freír la cebolla en rebanadas, agregar los chiles (desvenados, remojados en agua caliente y licuados con los jitomates asados), especias, un diente de ajo y el bolillo dorado en manteca; dejar hervir.
❦ Agregar el caldo y las piezas de gallina cocidas, plátanos en rebanadas o en tiritas, chorizo frito, chiles en vinagre, aceitunas, vinagre, una cucharadita de azúcar, sal y pimienta.
❦ Dejar sazonar hasta lograr una consistencia espesa.
❦ Rinde 10 raciones.

Receta de Blanca Lilian Stephens de Hernández

Conejo en mostaza

1	conejo (en piezas)
6	rebanadas de tocino (picadas)
3	dientes de ajo
1	cebolla rebanada
1/2	taza de vino blanco
3	cucharadas de mostaza
4	cucharadas de harina
·	mantequilla
.	perejil
·	sal y pimienta, al gusto

❦ Limpiar el conejo y cocerlo en poca agua.

❦ Escurrir y secar las piezas, untarlas con mostaza y dejarlas reposar durante tres horas.

❦ Enharinar las piezas de conejo, dorar en mantequilla y retirarlas.

❦ Freír tocino, añadir cebolla y ajo, dejar acitronar; escurrir la grasa.

❦ Colocar las piezas del conejo en la fritura, agregar vino blanco, sal, pimienta y perejil picado.

❦ Cocer a fuego bajo durante quince minutos.

❦ Rinde 8 raciones.

Receta de María Guadalupe Pereira Méndez

Patitas en escabeche

6	patitas de puerco
2	jitomates picados
1	cebolla
·	aceite de oliva
·	chile
·	laurel
·	pimienta entera
·	vinagre

❦ Lavar las patitas de puerco y ponerlas a cocer.

❦ Rebanar finamente la cebolla y acitronarla en aceite de oliva; incorporar los demás ingredientes y las patitas cocidas.

❦ Tapar y dejar hervir.

❦ Rinde 6 raciones.

Receta de Magaly León de Luna

Carne de puerco en salsa de jitomate

3/4 k	carne de puerco
300 g	jitomate
100 g	manteca
60 g	cacahuate tostado
2	clavos
1	bolillo
1	cebolla chica
1	diente de ajo
·	canela
·	sal y pimienta, al gusto

❦ Partir la carne en trocitos y ponerlos a cocer con ajo, sal y pimienta.

❦ Dorar el bolillo rebanado en manteca; licuar con jitomates asados, cebolla, cacahuates, clavo, canela y caldo.

❦ Colar y freír en un poco de manteca.

❦ Dejar cocinar cinco minutos, agregar la carne y sazonar con sal y pimienta; retirar del fuego cuando la salsa esté espesa.

❦ Rinde 6 raciones.

Receta de Eutemia Cervantes Flores

Espinazo en mole verde

1 k	espinazo de cerdo
300 g	tomates verdes
100 g	chícharos cocidos
50 g	cacahuates
50 g	manteca
20 g	pan blanco
8	chiles anchos
6	hojas de lechuga
4	elotes
3	dientes de ajo
2	hojas de laurel
1	cebolla
1	tortilla
2	cucharadas de cilantro picado

❦ Cocer el espinazo con laurel, dos dientes de ajo y elotes rebanados.
❦ Asar, desvenar y freír los chiles.
❦ Freír tomates, pan, tortilla y cacahuates y licuar con cilantro, cebolla, un diente de ajo, chícharos cocidos y hojas de lechuga.
❦ Añadir al espinazo, mezclar con el caldo, condimentar y dejar hervir.
❦ Rinde 6 raciones.

Receta de Evangelina Zamora de Gil

Lomo de puerco borracho

1/2 k	lomo de puerco
10	dientes de ajo
100 g	jamón crudo
2	chiles anchos
1	lechuga
1/2	litro de pulque
·	aceitunas
·	chiles en vinagre
·	manteca

❦ Untar el lomo de puerco con ajo y freírlo en manteca junto con el jamón; agregar los chiles desvenados y molidos, freír.
❦ Añadir el pulque y agua; dejar hervir a fuego lento hasta que se seque.
❦ Servir con chiles en vinagre, aceitunas y hojas de lechuga.
❦ Rinde 6 raciones.

Receta de Rosa María Villalpando Ortiz

Entomatada

600 g	pierna de puerco
2	dientes de ajo
2	cebollas
3	clavos
1	rajita de canela
50 g	manteca
300 g	tomate verde
6	chiles largos (en vinagre)
·	sal y pimienta, al gusto

❦ Cortar la carne en pedacitos y ponerlos a cocer con un diente de ajo, cebolla, clavos y sal.
❦ Freír en manteca la otra cebolla finamente picada, un diente de ajo, tomates pelados y picados finamente; freír doce minutos, agregar un cuarto de litro de caldo, sal y pimienta.
❦ Dejar hervir a fuego lento, agregar la carne y, cuando la salsa esté espesa, retirar y añadir los chiles en vinagre; servir caliente.
❦ Rinde 6 raciones.

Receta de Soraya Paredes Quintero

Lomo en chile chipotle

3/4 k	lomo de puerco
100 g	queso añejo (rallado)
12	papas chicas
8	tomates verdes
6	chiles chipotle
1	diente de ajo
1	jitomate grande
1	lechuga
·	cebollitas en vinagre
·	manteca
·	sal, al gusto

❦ Cortar el lomo de puerco en rebanadas y cocer con sal y manteca.

❦ Desvenar y dorar los chiles en manteca, licuar con jitomate asado, tomates cocidos, queso y ajo.

❦ Incorporar a las rebanadas de lomo y poner al fuego hasta que el guiso sazone y reseque un poco.

❦ Darle a las papas (cocidas y peladas) una pasadita en manteca caliente para que tomen color dorado.

❦ Servir con lechuga, cebollitas en vinagre y papas.

❦ Rinde 6 raciones.

Receta de Margarita de León Bautista

Costillas de puerco a la mostaza

3/4 k	costillas de puerco
2	chiles jalapeños
2	chiles pasilla (cocidos y desvenados)
2	cucharadas de mostaza
·	sal y pimienta, al gusto

❦ Condimentar la carne con sal y pimienta.

❦ Licuar los chiles jalapeños, los chiles pasilla y la mostaza.

❦ Untar las costillas con esa mezcla; hornear.

❦ Servir con ensalada fresca.

❦ Rinde 6 raciones.

Receta de Rocío Ofelia Cervantes Cuevas

Cecina de cerdo adobada

2 k	pulpa de cerdo (en bisteces)
200 g	chilacate (desvenado y limpio)
6	dientes de ajo
3	tazas de vinagre
1/2	cucharadita de comino
1/2	cucharadita de orégano
·	laurel
·	sal y pimienta, al gusto

❦ Licuar todos los ingredientes y mezclar con sal y vinagre.

❦ Impregnar la carne con esa mezcla, revolver una o dos veces al día; dejarla curar seis días.

❦ Retirarla del adobo y colgarla en un lugar fresco; freírla o asarla.

❦ Rinde 12 raciones.

Receta de Teresa López de Briseño

Adobo

3/4 k	carne de puerco
8	chiles anchos
3	limones (el jugo)
2	bolillos
1	cebolla
1	raja de canela
1/2	tablilla de chocolate

☙ Cortar la carne en trozos, lavarlos y cocerlos con agua y sal.

☙ Rebanar la cebolla y ponerla en jugo de limón.

☙ Colocar pasta de adobo en una cazuela con manteca al fuego, revolver; agregar tres tazas de caldo y canela, hervir e incorporar la carne.

☙ Para preparar la pasta de adobo, desvenar los chiles, rebanar el bolillo, partir el chocolate; dorar en manteca, escurrir y licuar.

☙ Servir con la cebolla preparada.

☙ Rinde 6 raciones.

Receta de Yolanda Magallanes Leal

Pipián

3/4 k	lomo de cerdo
100 g	cacahuates
100 g	maíz cocido
100 g	pepitas de calabaza
1/2	cebolla
3	chiles guajillo (desvenados)
1	tortilla
1/2	bolillo rebanado
·	aceite
·	ajo
·	comino
·	orégano y laurel
·	pimienta

☙ Cocer el lomo de cerdo con ajo, cebolla, laurel y orégano.

☙ Freír pepitas de calabaza, cacahuates y, por último, el maíz (deben quedar de color claro); licuar con la tortilla dorada y medio bolillo (con un poco de caldo).

☙ Licuar orégano, ajo, cominos, pimienta, cebolla y chiles; verter en una cazuela con aceite y añadir más caldo; unir ambas preparaciones.

☙ Batir para que el pipián espese; incorporar la carne de cerdo.

☙ Rinde 6 raciones.

Receta de Antonia Betsabé Lárraz de Salas

Mole

3/4 k	carne de puerco
4	chiles anchos
4	tortillas de maíz
2	dientes de ajo
1	pizca de comino
·	manteca

☙ Partir la carne en pedazos y ponerlos a cocer en agua con sal.

☙ Desvenar los chiles, cortar las tortillas y dorar en manteca; licuar todo junto con comino y ajo.

☙ Poner al fuego una cazuela con manteca, incorporar el mole y revolver; agregar dos tazas de caldo.

☙ Al hervir, incorporar la carne.

☙ Rinde 6 raciones.

Receta de Yolanda Magallanes Leal

Birria de chivo de res

5 k	carne de chivo y de res
2 k	jitomate
15	pimientas
10	chiles anchos
3	hojas de laurel
2	clavos
1	cabeza de ajo
1	pizca de jengibre
1/4	litro de jerez seco
1	cucharadita de cominos
·	vinagre

❦ Tostar las semillas de los chiles y licuarlas con los demás ingredientes.
❦ En una cazuela de barro colocar capas de carne en trozos, bañados con salsa; sazonar con sal.
❦ Cocer en el horno.
❦ Rinde 20 raciones.

Receta de Rocío Ofelia Cervantes Cuevas

Pastel de carne

1/2 k	carne de puerco molida
1/2 k	carne de res molida
125 g	salchichas medianas
50 g	mantequilla
2	chiles poblanos (limpios)
1	pimiento morrón (de lata)
1	huevo
1	taza de pan molido
1/2	taza de aceitunas
·	pimienta blanca
·	sal de ajo

❦ Mezclar carne de puerco y de res.
❦ Picar salchichas, chiles y aceitunas en cuadritos.
❦ Incorporar a la carne y añadir pan molido; revolver.
❦ Agregar pimienta, sal de ajo, huevo y mantequilla.
❦ Cocer en el horno durante treinta minutos (200°C).
❦ Rinde 8 raciones.

Receta de Rosa María Villalpando Ortiz

Panes, Dulces y Postres

PANES, DULCES Y POSTRES

Gratificante selección ofrece este apartado del recetario familiar nayarita. Frutas, cereales y hortalizas hablan de las posibilidades y gustos estatales, y de su repostería tropical. La primera de las fórmulas ofrece algunas azucaradas sorpresas de maíz, frituras populares cuya pasta básica –harina de maíz, leche y huevos– dobla su tamaño al contacto del aceite caliente. Se continúa con un buen pan horneado, muy original, de chayote, y se sigue con otro que emplea el plátano de manera fundamental. El pastel del mismo fruto, que se propone enseguida, se enriquece con leche condensada, mantequilla, huevos y crema. Suele obtener gran éxito en convivios y reuniones.

Para entretener el hambre, pocos encuentros tan útiles como el de los soporrondongos. Son éstos unas tortitas fritas de elote con azúcar y canela. Las buenas empanaditas de calabaza, por su parte, piden una cerveza fría y una elaboración más complicada, con anís y canela, pero logran un magnífico sabor. En el ramo galletero, las otras dos escogidas recetas que se incluyen también son de tomarse en cuenta. Humildes, las gorditas de harina de trigo, con su par de huevos y un poco de manteca, se cuecen en comal; elegantes, las galletas de nuez, con mantequilla y yemas, se hornean en su molde y a fuego lento. Lo que sucede, aquí, es que niños y adultos terminan con las discretas y también con las engreídas.

Buen momento para presentar algunas delicias del trópico. En primer lugar, un postre de jícama. Lleva coco rallado y su blanca dulzura es ejemplar. El dulce de mango recuerda las extensas fincas, desde los límites de la entidad hasta el encantador puerto de San Blas, que preceden el descenso a la costa. Los plátanos melados, a su vez, son populares por lo sabrosos y accesibles. Se hornean con azúcar, mantequilla y canela, y se bañan con crema o leche condensada.

Miel también para las ciruelas verdes –goloso invento de los dioses que las acostumbraban en el Olimpo– con su raja de canela, en una compota divina y luego –intempestivamente– la propuesta de unos tamales de piña, novedosa y mexicana manera de disfrutar el jugoso ananá. Viene después una combinación excelente, la de camote y piña; con uno y otra se prepara una pasta que, alternada con galletas remojadas en miel de jerez, se corona de nueces.

Comentario especial merecen las capirotadas en su versión nayarita. Lujo nacional, la de agua, y tal como lujo oriental, la de leche. Fritura de pan (bolillos), o plátanos machos, piloncillo, jitomates, cebolla, especias y queso componen la primera, y para su tratamiento se pide comal, olla y cazuela de barro. Picones (bizcochos), huevos, canela, leche, queso, mantequilla, frutas cubiertas, higos, orejones, biznaga, y cacahuates y almendras, entre otros ingredientes, forman parte de la segunda. Se necesita hervir y luego hornear, antes de obtener el riquísimo postre.

Engañabobos es el dulce siguiente, aunque cabe decir que torpe es, más bien abstenerse de estas aéreas e inconsútiles bondades de harina, claras y leche, que nada son y son todo cuando se bañan con una suave crema que parece brisa. De leche, canela, huevos y azúcar es, igualmente, la afamada jericalla, exquisito flan con su dorada costra.

Laborioso es el proceso del soberbio ante que se sugiere, con sus catorce huevos y frutas cubiertas y nueces y crema. Pero este ante es una fiesta y, por ello, conviene regalarlo en todo su esplendor, o sea en cazuelitas individuales de barro adornadas con banderitas de papel de China. Familiar y sencilla, la fórmula del conocido arroz con leche, pide aquí cáscara de limón para subrayar el buen gusto regional.

Te dirá la abeja por qué acendra miel.
Revelación
AMADO NERVO

Sorpresas de maíz

3   huevos
1   taza de fécula de maíz
1   taza de harina de maíz
1/2   taza de leche
2   cucharadas de polvo para hornear
·   aceite
·   azúcar

❦ Mezclar los ingredientes y formar una pasta de suave consistencia.
❦ Freír en aceite caliente cucharadas de la pasta (crecen al doble de su tamaño).
❦ Escurrir y espolvorearles azúcar; servirlas calientes.
❦ Rinde 8 raciones.

Receta de María de los Ángeles Verdugo

Pan de chayote

6   chayotes grandes (cocidos)
5   huevos
2   barras de mantequilla
1/2 k   azúcar
1/2 k   harina
2   cucharadas de polvo para hornear
·   galletas Marías molidas
·   mantequilla
·   harina

❦ Pelar y licuar los chayotes, añadir mantequilla derretida.
❦ Agregar cuatro huevos, azúcar, polvo para hornear y, por último, harina; revolver.
❦ Engrasar y enharinar un molde; verter la pasta y añadir encima huevo batido a punto de nieve y polvo de galletas Marías.
❦ Cocer en el horno.
❦ Rinde 8 raciones.

Receta de Olga Morán de Orozco

Pan de plátano

2   huevos
1/2   barra de mantequilla
1 1/4   tazas de azúcar
1 1/2   tazas de harina
1   taza de plátano maduro machacado
4   cucharadas de crema ácida
1   cucharadita de bicarbonato
1   cucharadita de esencia de vainilla
1   cucharadita de polvo para hornear
·   mantequilla
·   harina

❦ Batir mantequilla y agregar azúcar, huevos y crema.
❦ Mezclar los plátanos con harina, bicarbonato y polvo para hornear; incorporar a la pasta anterior.
❦ Añadir esencia de vainilla y batir.
❦ Engrasar y enharinar un molde y verter la pasta; hornear a fuego medio una hora aproximadamente.
❦ Adornar con rebanadas de plátano.
❦ Rinde 8 raciones.

Receta de Guadalupe Puente de Ibarra

Pastel de plátano

3	huevos
3	plátanos
1	limón (el jugo)
1	lata de leche condensada
3/4	taza de mantequilla
1/4	taza de leche
3	tazas de harina
1/2	taza de crema
1 1/2	cucharaditas de polvo para hornear
1	cucharadita de vainilla
1/2	cucharadita de bicarbonato

❦ Batir a punto de crema, mantequilla, leche condensada, huevos y leche; bajar la velocidad de la batidora e incorporar harina cernida con polvo para hornear.

❦ Verter la crema en un recipiente y poner al fuego con el bicarbonato, calentar unos minutos y añadir a la mezcla anterior; agregar jugo de limón, plátanos molidos y vainilla.

❦ Batir un poco y verter en un molde engrasado y enharinado; hornear durante cuarenta minutos.

❦ Desmoldar y decorar al gusto.

❦ Rinde 8 raciones.

Receta de Marta Imelda Partida Huerta

Soporrondongos

20	elotes macizos
1	raja de canela
1/2 k	azúcar
1/2	litro de aceite
1/2	cucharada de bicarbonato
1	pizca de sal

❦ Pelar, rebanar y moler los elotes con canela.

❦ Mezclar en un recipiente y agregar azúcar, bicarbonato y sal; revolver.

❦ Hacer unas tortitas con la pasta.

❦ Dorarlas en aceite caliente a fuego suave.

❦ Cuando estén semifritas, presionarlas con una pala para aplanarlas un poco y se cuezan por dentro.

❦ Rinde 10 raciones.

Receta de Ester García de Mora

Empanaditas de calabaza

400 g	harina
1/2 k	azúcar
200 g	manteca
1	calabaza
1	cerveza fría
1	huevo
1	raja de canela
1	cucharadita de canela en polvo
1	cucharadita de sal
1/2	cucharadita de anís

❦ Cernir harina con sal e incorporar la manteca con los dedos; agregar la cerveza poco a poco, hasta formar una pasta suave.

❦ Extenderla sobre una tabla enharinada, dejarla de medio cm de espesor; cortar círculos medianos, rellenarlos y formar empanadas.

❦ Unir las orillas presionando con un tenedor; barnizar con huevo y hornear a 250°C.

❦ Para preparar el relleno, cortar la calabaza en cuadros grandes y ponerlos a cocer, quitar la cáscara y las semillas; agregar azúcar, canela y anís.

❦ Poner a fuego suave, revolver continuamente hasta ver el fondo del cazo; retirar del fuego y dejar enfriar.

❦ Rinde 8 raciones.

Receta de Enerino A. Melín Valdés

Gorditas de harina de trigo

1 k	harina de trigo
150 g	mantequilla
2	huevos
3	cucharadas de polvo para hornear
2	cucharadas de manteca de puerco
1	pizca de sal
·	leche
·	azúcar

❦ Mezclar harina, polvo para hornear y una pizca de sal; hacer una fuente y, en el centro, colocar mantequilla, huevos y azúcar.

❦ Revolver hasta formar una masa tersa, añadir un poco de manteca y leche; extender con un rodillo hasta que quede de un cm de espesor; cortar ruedas con un vaso y cocerlas en comal (dejarlas dorar un poco).

❦ Rinde 8 raciones.

Receta de María del Refugio Espinosa de Jaramillo

Galletas de nuez

125 g	azúcar
125 g	mantequilla
125 g	fécula de maíz
100 g	nuez picada
2	yemas de huevo
1	cucharada de polvo para hornear

❦ Sobre una mesa cernir fécula de maíz con polvo para hornear; hacer una fuente y, en el centro, colocar mantequilla batida, azúcar, yemas y nueces (hacer una pasta suave).

❦ Colocar bolitas de pasta sobre charolas y hornearlas a fuego lento.

❦ Rinde 6 raciones.

Receta de Sofía Irma Escudero de V.

Postre de jícama

300 g	jícama
250 g	azúcar
50 g	coco rallado
1	naranja

❦ Rallar la jícama y mezclarla con coco rallado, jugo de naranja y azúcar; poner en el fuego, sin dejar de revolver, hasta que empiece a hervir y se vea el fondo de la cacerola.

❦ Retirar y verter en un platón; refrigerar.

❦ Rinde 6 raciones.

Receta de María del Refugio Espinosa de Jaramillo

Jericalla violila

200 g	azúcar
3	yemas de huevo
1	clara de huevo
1	raja de canela
1	litro de leche

❦ Hervir a fuego lento leche con canela durante cinco minutos; retirar.

❦ Enfriar y agregar las yemas de huevo y la clara batida; colar y cocer a baño María en el horno hasta que la jericalla se dore por encima.

❦ Rinde 6 raciones.

Receta de Guadalupe Puente de Ibarra

Dulce de mango

25	mangos
1 k	azúcar
1/2	litro de agua
·	gotas de limón

❧ Pelar los mangos, ponerlos en agua y partirlos en tiritas.
❧ Poner agua al fuego con azúcar; al soltar el hervor, añadir unas gotas de limón.
❧ Dejar hervir diez minutos, agregar las tiritas de mango y hervir otros diez minutos.
❧ Retirar del fuego y, al día siguiente, volver a hervir diez minutos más; retirar y dejar enfriar.
❧ Rinde 15 raciones.

Receta de Antonio Gil Arias

Plátanos con miel

6	plátanos machos
100 g	mantequilla en trocitos
1/2	taza de crema o leche condensada
1/2	cucharada de azúcar
1/2	cucharada de canela molida

❧ Lavar los plátanos, quitarles las puntas y hacerles un corte a los lados (sin llegar al centro).
❧ Colocarlos en un recipiente refractario, engrasado con mantequilla; cubrir cada plátano con dos cucharadas de azúcar y espolvorear canela; distribuir trocitos de mantequilla encima.
❧ Hornear durante treinta minutos (200°C).
❧ Retirar y bañar con crema o lecha condensada.
❧ Rinde 6 raciones

Receta de Marta Imelda Partida Huerta

Ciruelas meladas

3 k	ciruelas verdes
1 k	azúcar
1	raja de canela
·	agua con cal

❧ Lavar las ciruelas y picar la superficie con una aguja; dejarlas durante la noche en agua con un poco de cal para endurecer la cáscara.
❧ Retirarlas y lavarlas bien, ponerlas a cocer en un recipiente con azúcar, canela y un poco de agua; voltearlas con cuidado para que no se desbaraten.
❧ Dejarlas cocer a fuego lento hasta que tengan color café oscuro (en caso necesario, agregar azúcar para que la miel espese).
❧ Rinde 8 raciones.

Receta de Marta Imelda Partida Huerta

Tamales de piña

1 k   masa de maíz
1/4 k manteca
1   piña pelada
2   tazas de azúcar
3   cucharaditas de polvo para
       hornear
·   hojas de elote
·   sal, al gusto

❧ Batir manteca a punto de crema, agregar sal y azúcar y la mitad de la piña licuada (picar la otra mitad en cuadritos).
❧ Incorporar polvo para hornear y batir.
❧ Colocar la masa en hojas de elote, añadir cuadritos de piña picada y envolver; tapar y cocer a vapor.
❧ Rinde 12 raciones.

Receta de Guadalupe Puente de Ibarra

Postre de camote y piña

·   camotes
·   piña
·   galletas Marías
·   azúcar
·   jerez dulce
·   nueces

❧ Cocer los camotes en un poco de agua; licuar con media piña.
❧ Disolver azúcar en una taza de agua y hervir hasta obtener una miel ligera; retirar.
❧ Apartar media taza de miel, ponerle jerez y mezclar.
❧ Verter el licuado de piña y camote en la miel restante; hervir esta mezcla hasta ver el fondo de la olla (revolver constantemente).
❧ En un platón colocar capas sucesivas de galletas (bañadas con miel y jerez) y de pasta de fruta (la última capa debe ser de pasta)
❧ Adornar con nueces.
❧ Rinde 8 raciones.

Receta de María de los Ángeles Verdugo

Capirotada de agua

3/4 k marquelitas de panocha
       (piloncillo)
1/2 k queso
1/4 k pasas sin semilla
10   bolillos
3   jitomates
2   clavos
2   plátanos machos
1   cebolla chica
1   raja de canela
2   litros de agua
·   aceite
·   mantequilla
·   tortillas

❧ Cortar el bolillo en rebanadas delgadas y dorarlas en un comal; cortar los plátanos en rodajas y freír; cortar el jitomate y la cebolla en pedazos regulares y el queso en cuadritos.
❧ Hervir agua en una olla, agregar canela, clavo y panocha; dejar hervir hasta que la miel espese.
❧ En una cazuela de barro, untada de mantequilla, colocar tortillas en el fondo y luego capas sucesivas de bolillo dorado, plátano, pasas, jitomate, cebolla y queso; bañar con miel.
❧ Hornear durante cuarenta minutos.
❧ Rinde 8 raciones.

Receta de María de la Cruz Romero de Silva

Capirotada de leche

1/4 k   azúcar
1/4 k   queso rallado
1/4 k   mantequilla
50 g   pasas sin semilla
50 g   higos, orejones, cacahuates, almendras, ciruelas pasas y fruta cubierta
6   picones
4   huevos
3/4   litro de leche
·   canela

❧ Hervir leche con mitad del azúcar y canela durante cinco minutos; retirar y enfriar.

❧ Agregar yemas de huevos, revolver y colar; reservar.

❧ Desmoronar la mitad del pan y rebanar la otra mitad; mezclar el pan desmoronado con queso rallado y el resto de azúcar.

❧ En un recipiente engrasado con mantequilla colocar capas sucesivas de pan rebanado, trozos de mantequilla, pasas, ciruelas, biznaga, higos, un poco de la crema reservada y pan desmoronado (la última capa debe ser de pan).

❧ Hornear hasta que seque, batir las claras a punto de turrón y cubrir la capirotada; hornear de nuevo para que se dore.

❧ Adornar con cerezas y hojitas de limón confitado.

❧ Rinde 6 raciones.

Receta de María de Jesús Jiménez Vda. de R.

Engañabobos

4   huevos
1   raja de canela
1/4   litro de agua
1   litro de leche
2   tazas de azúcar
2   cucharadas de fécula de maíz
2   cucharadas de harina

❧ Batir las claras de huevo a punto de turrón; agregar harina en forma envolvente hasta obtener una pasta suave.

❧ Hervir leche con azúcar y canela, agregar cucharadas de la preparación anterior; dejarlas cocer y retirar una por una; reservar.

❧ Formar una crema con la leche restante, fécula de maíz y yemas de huevo disueltas; revolver constantemente.

❧ Verter la crema en un platón y colocar encima las tortitas, bañarlas con más crema.

❧ Rinde 8 raciones.

Receta de Francisca López Jaimes

Arroz con leche

1/4 k   arroz
1   raja de canela
1   lata de leche condensada
1   lata de leche evaporada
2   tazas de agua
1   pizca de bicarbonato
·   cáscaras de limón
·   sal, una pizca

❧ Cocer el arroz con agua, cáscara de limón y rajas de canela.

❧ Agregar la leche evaporada y la condensada, bicarbonato y sal.

❧ Revolver hasta que espese, retirar y dejar enfriar.

❧ Rinde 8 raciones.

Receta de Francisca López Jaimes

Ante

14	huevos
300 g	harina
1/4 k	azúcar
150 g	mantequilla
50 g	pasas
50 g	nueces
1	cucharada de polvo para hornear
·	frutas cubiertas
·	mantequilla y harina

Crema

1/2	litro de leche
2	cucharadas de fécula de maíz
200 g	azúcar
3	yemas de huevo
·	jerez o vainilla, al gusto

Adorno

16	cazuelitas de barro
4	popotes largos
·	papel de China de colores

❦ Batir las yemas a punto de listón y agregar azúcar poco a poco (sin dejar de batir); añadir harina cernida con polvo para hornear, mantequilla derretida y fría y las claras batidas a punto de turrón.

❦ En un molde de caja, engrasado y enharinado, verter la pasta; hornear a calor regular (cuando esponje y haya dorado un poco, hacer un corte a lo largo, con un cuchillo untado con mantequilla, dejar cocer).

❦ Retirar del fuego y cortar cuadros que se colocan en las cazuelitas, cubrir con crema, frutas picadas, pasas y nueces; decorar con banderitas de colores.

❦ Para preparar la crema, disolver en leche las yemas y la fécula de maíz, poner al fuego junto con el azúcar (no dejar de revolver hasta que la preparación hierva y espese); retirar y agregar jerez o vainilla.

❦ Rinde 8 raciones.

Receta de Irma L. Solano C.

Cajeta de frijol

1/2 k	frijol
3	yemas de huevo
1	litro de leche
1/2	taza de azúcar
2	cucharaditas de vainilla

❦ Remojar los frijoles durante cinco horas, cocerlos sin sal en un poco de agua, licuar y mezclar con leche; colar.

❦ Agregar azúcar y yemas de huevo ligeramente batidas.

❦ Poner a fuego lento hasta que la preparación espese (sin dejar de revolver para que no se pegue).

❦ Retirar de la lumbre y agregar vainilla.

❦ Rinde 8 raciones.

Receta de Ester García de Mora

FESTIVIDADES

LUGAR Y FECHA	CELEBRACIÓN	PLATILLOS REGIONALES
TEPIC (Capital del Estado) *Mayo 15*	**San Isidro Labrador** Bendición de semillas, agua y otros elementos; juegos pirotécnicos. Cuando la fecha cae entre semana, se cambia al domingo siguiente.	∼ Puerco en adobo, tortas de camarón y papa, chanfaina enchilada, espinazo en mole verde, enchiladas, chilaquiles, patitas de puerco en escabeche, tasajo de res, gorditas de frijol, pescado zarandeado, barbacoa, pipián, birria, empanadas de camarón, tamales estilo Nayarit, tacos de camarón seco, almejas, tortillas de manteca de res. ∼ Empanaditas de calabaza, dulce de frijol, postre de jícama, tamales de elote, mermeladas, encanelados, buñuelos, bizcochitos de maíz con piloncillo, jericalla, natillas, besos de monja. ∼ Tepache, aguas frescas, chocolate, refresco de vainilla, atoles de plátano, piña y coco, nanche, champurrado, piznate (agua, elote y azúcar), tejuino, café endulzado con piloncillo.
Julio 25	**Santiago Apóstol** Feria, procesiones, música, danzas, bailes, fuegos artificiales.	∼ Barbacoa de res o chivo, mariscada a las brasas, pollo estilo Tepic, carne de puerco en salsa de cacahuate, tasajo de res, ceviche, pozole de camarón, frijoles de arriero (con costilla de res asada y seca), ostiones en su concha, puchero de pescado, empanadas de camarón, espinazo de puerco con verdolagas, puerco en adobo, gorditas de frijol, pipián, camarones enchilados a la plancha, sincronizadas de pescado con tortillas de harina, tortas de camarón y papa, birria, pescado asado ahumado con laurel, langosta zarandeada, tlaxtihuille (camarones crudos, agua, masa, limones, sal y chile). ∼ Jericalla, natillas, ciruelas meladas, buñuelos, cajeta de frijol, empanaditas de calabaza, mermeladas, jaleas, conservas, compotas, gorditas de harina de trigo, tamales de elote. ∼ Refresco de vainilla, nanche, tejuino, tepache, aguas frescas, piznate, café de olla, horchata de semillas de melón, champurrado, atoles, chocolate.
ACAPONETA *Diciembre 12*	**Nuestra Señora de Guadalupe** Se conmemora a través de diversos actos: desfile de carrozas y una procesión en medio de fuegos artificiales. Grupos de danzantes (locales y de aldeas vecinas) ejecutan bailes tradicionales, como el de la Conquista y el de los Matachines.	∼ Chilatole de pollo, langosta zarandeada, pozole de camarón, tamales de puerco, tacos de camarón seco, tasajo de res, cecina de cerdo adobada, bollos de plátano, tostadas, enchiladas, quesadillas, chilaquiles, birria, pipián, barbacoa, mariscada a las brasas, pescado zarandeado, puchero de pescado, pozole blanco, ostiones en su concha; sopas de camarón y almejas; ceviche, espinazo en mole verde, frijoles de arriero, chanfaina enchilada, lisa tatemada en leña verde de mangle, tlaxtihuille de camarón. ∼ Natillas, buñuelos, tamales de elote, cajeta de frijol, bocaditos de coco, gorditas de harina de trigo, postre de jícama, ciruelas meladas, flan de maíz, besos de monja, arroz con leche, encanelados. ∼ Refresco de vainilla, nanche, tejuino, tepache, piznate, horchata de semillas de melón, atoles, chocolate, café endulzado con piloncillo, champurrado.

COMPOSTELA
Julio 25

Santiago Apóstol
Conmemoración de acuerdo con una antigua tradición: los hombres montan a caballo y corren por las calles durante todo el día; al día siguiente, las mujeres hacen ese mismo recorrido. Feria popular con fuegos artificiales.

∾ Chanfaina enchilada, pescado ahumado asado con laurel, pozole blanco, tasajo de res, albóndigas de camarón, patitas de puerco en escabeche, tamales colorados de picadillo de camarón, birria, enchiladas, gorditas de frijol, sopa de calabacita con elote, barbacoa de res o chivo, puchero de pescado, cecina de cerdo adobada, tortillas de manteca de res, filete de pescado en salsa roja, tlaxtihuille de camarón, espinazo en mole verde, birria, pescado zarandeado, bollos de plátano, carne de puerco en salsa de cacahuate.

∾ Gorditas de harina de trigo, ciruelas en conserva, flan de maíz, empanadas de calabaza, tamales de elote, arroz con leche, dulce de frijol, natillas, bizcochitos de maíz con piloncillo.

∾ Horchata de semillas de melón, tepache, aguas frescas, café de olla, chocolate, atoles, refresco de vainilla, champurrado, piznate, nanche, tejuino.

IXTLÁN DEL RÍO
Último domingo de octubre

Cristo Rey
Llegan peregrinos de aldeas cercanas para participar en las celebraciones. Sobresale la procesión de carrozas y los bailes que se ejecutan en el atrio de la iglesia: Aztecas, Quetzales, Matachines y Danza de la Pluma.

∾ Pozole blanco, caldo de camarones frescos, tasajo de res, chilatole de pollo, sincronizadas de pescado con tortillas de harina, mariscada a las brasas, tacos de camarón, puchero de pescados, tamales de pescado, langosta zarandeada, enchiladas, tostadas, chilaquiles, carne de puerco en salsa de cacahuate, ceviche, cecina de cerdo adobada, tamales de puerco, birria, lisa tatemada en leña verde de mangle, gorditas de frijol, chanfaina enchilada, barbacoa, espinazo en mole verde, frijoles de arriero.

∾ Jericallas, natillas, ciruelas meladas, dulces de leche, buñuelos, tamales de elote, mermeladas, jaleas, conservas, compotas, calabaza en piloncillo, cajeta de frijol.

∾ Refresco de vainilla, atoles de plátano, coco y piña, tepache, piznate, aguas frescas, chocolate, tejuino, champurrado y café endulzado con piloncillo.

JALA
Septiembre 8

Nacimiento de la Virgen María
Se lleva a cabo una solemne procesión en la que los fieles visten atuendos tradicionales (muchos son tejidos a mano), a través de los cuales se puede identificar la región de donde proceden. Se ejecutan danzas nativas en el atrio de la iglesia.

∾ Pozole de camarón, cecina de cerdo adobada, tacos de camarón seco, tasajo de res, camarones enchilados a la plancha, enchiladas, tostadas, quesadillas de frijol, empanadas de camarón, pescado zarandeado, sopa de calabacita con elote, chilatole de pollo, puchero de pescado, pozole blanco, tamales colorados, picadillo de camarón, chanfaina enchilada, bollos de plátano, chilaquiles, birria, barbacoa, pipián de pepita de calabaza, frijoles de arriero, tortillas de manteca de res.

∾ Jericalla, postre de jícama, natillas, ciruelas meladas, conservas, cajeta de frijol, calabaza con piloncillo, tamales de elote, arroz con leche, encanelados, flan de maíz, bocaditos de coco.

∾ Piznate, tepache, aguas frescas, atoles, champurrado, tejuino, chocolate, refresco de vainilla, café de olla, nanche, horchata de semillas de melón.

Fecha movible
(depende de la Cuaresma)

Jueves Santo
Los habitantes escenifican los episodios más importantes de La Pasión (Última Cena, Captura, Crucifixión). Los fieles de pueblos aledaños llegan en procesiones y traen sus propias imágenes de Cristo, estandartes de santos y ofrendas florales que depositan en el altar de la iglesia.

∾ Pozole de camarón, mariscada a las brasas, torta de camarón seco con nopales, sincronizadas de pescado con tortillas de harina, albóndigas de camarón, empanadas de camarón, filete de pescado en salsa roja, chilaquiles, quesadillas de frijol, puchero de pescado, lisa tatemada en leña verde de mangle, tostadas, bollos de plátano, pescado, zarandeado, frijol negro con jugo de naranja.

~ Jericalla, natillas, gorditas de harina de trigo, dulces de leche, mermeladas, calabaza en piloncillo, tamales de elote, capirotada de leche o de agua, flan de maíz, ciruelas meladas, encanelados.

~ Refresco de vainilla, tepache, nanche, aguas frescas, atoles, piznate, champurrado, nanche, chocolate, tejuino.

LA YEXCA
Diciembre 8

Inmaculada Concepción
Esta fiesta religiosa se conmemora con una feria popular que se prolonga hasta el día 12 (Virgen de Guadalupe). Grupos de danzantes ejecutan sus bailes durante todos los días de la feria. Muchos fieles participan en los festejos; algunos huicholes salen de sus poblados para rendir homenaje a las dos advocaciones.

~ Sopa de calabacitas con elote, langosta zarandeada, chilaquiles, enchiladas, tostadas, pipián, birria, barbacoa, ceviche, puchero de pescado, tasajo de res, pescado asado ahumado con laurel, chilatole de pollo, mariscada a las brasas, espinazo de puerco con verdolagas, indios vestidos, pozole blanco, sopa de camarón, ostiones en su concha, chanfaina enchilada, puerco en adobo, tortillas de manteca de res, frijoles arrieros.

~ Natillas, jericalla, postre de jícama, gorditas de harina de trigo, bocaditos de coco, ciruelas en conserva, empanaditas de calabaza, besos de monja, tamales de elote, dulces de leche, buñuelos.

~ Piznate, chocolate, atoles, tejuino, tepache, refresco de vainilla, champurrado, café de olla, aguas frescas, nanche.

SAN BLAS
Febrero 3

San Blas
Feria popular y comercial que se inaugura el 30 de enero con actividades tanto seculares como religiosas. Se organizan actos cívicos, bailes públicos, audiciones musicales, procesiones, danzas nativas como la de Los Arcos y Las Flechas, fuegos artificiales y desfiles de carrozas.

~ Tamales colorados de picadillo de camarón, pipián de pepita de calabaza, chilaquiles, enchiladas, tostadas, pescado zarandeado, tortas de camarón y papa, puchero de pescado, camarones enchilados a la plancha, filete de pescado en salsa roja, coctel de callo de hacha, sopas de almeja y de camarón, mariscada a las brasas, chilatole de pollo, frijol negro con jugo de naranja, carne de puerco en salsa de cacahuate, sincronizadas de pescado con tortillas de harina, bollos de plátano.

~ Postre de jícama, natillas, jericalla, gorditas de harina de trigo, cajeta de frijol, arroz con leche, mermeladas, encanelados, buñuelos, jalea de pepino y piña, calabaza en piloncillo, bocaditos de coco.

~ Nanche, aguas frescas, tepache, piznate, atoles, chocolate, café endulzado con piloncillo, tejuino, champurrado.

SANTIAGO IXCUINTLA
Mayo 3

La Santa Cruz
Se ejecutan diversas danzas entre las que destacan la de los Doce Pares de Francia, Matachines y Sonajeros.

~ Chanfaina enchilada, albóndigas de camarón, carne de puerco en salsa de cacahuate, nopales, pescado asado ahumado con laurel, tasajo de res, quesadillas, tostadas, enchiladas, chilaquiles, birria, barbacoa, pipián, pozole blanco, puchero de pescado, gorditas de frijol, tostadas de camarón y papa, puerco en adobo, empanadas de camarón, frijoles de arriero, tortillas de manteca de res, patitas de puerco en escabeche, ceviche, espinazo en mole verde.

~ Natillas, jericalla, encanelados, postre de jícama, ciruelas con miel, dulce de frijol, mermeladas, tamales de elote, flan de maíz, arroz con leche, empanaditas de calabaza, bizcochitos de maíz con piloncillo.

~ Tepache, refresco de vainilla, pulque, mezcal, nanche, atoles, aguas frescas, tejuino, champurrado, café endulzado con piloncillo, chocolate, piznate.

NUTRIMENTOS Y CALORÍAS

REQUERIMIENTOS DIARIOS DE NUTRIMENTOS (NIÑOS Y JÓVENES)

Nutrimento	Menor de 1 año	1-3 años	3-6 años	6-9 años	9-12 años	12-15 años	15-18 años
Proteínas	2.5 g/k	35 g	55 g	65 g	75 g	75 g	85 g
Grasas	3-4 g/k	34 g	53 g	68 g	80 g	95 g	100 g
Carbohidratos	12-14 g/k	125 g	175 g	225 g	350 g	350 g	450 g
Agua	125-150 ml/k	125 ml/k	125 ml/k	100 ml/k	2-3 litros	2-3 litros	2-3 litros
Calcio	800 mg	1 g	1 g	1 g	1 g	1 g	1 g
Hierro	10-15 mg	15 mg	10 mg	12 mg	15 mg	15 mg	12 mg
Fósforo	1.5 g	1.0 g	1.0 g	1.0 g	1.0 g	1.0 g	0.75 g
Yodo	0.002 mg/k	0.002 mg/k	0.002 mg/k	0.002 mg/k	0.02 mg/k	0.1 mg	0.1 mg
Vitamina A	1500 UI	2000 UI	2500 UI	3500 UI	4500 UI	5000 UI	6000 UI
Vitamina B-1	0.4 mg	0.6 mg	0-8 mg	1.0 mg	1.5 mg	1.5 mg	1.5 mg
Vitamina B-2	0.6 mg	0.9 mg	1.4 mg	1.5 mg	1.8 mg	1.8 mg	1.8 mg
Vitamina C	30 mg	40 mg	50 mg	60 mg	70 mg	80 mg	75 mg
Vitamina D	480 UI	400 UI	400 UI	400 UI	400 UI	400 UI	400 UI

REQUERIMIENTOS DIARIOS DE NUTRIMENTOS (ADULTOS)

Proteínas	1	g/k
Grasas	100	g
Carbohidratos	500	g
Agua	2	litros
Calcio	1	g
Hierro	12	mg
Fósforo	0.75	mg
Yodo	0.1	mg
Vitamina A	6000	UI
Vitamina B-1	1.5	mg
Vitamina B-2	1.8	mg
Vitamina C	75	mg
Vitamina D	400	UI

REQUERIMIENTOS DIARIOS DE CALORÍAS (NIÑOS Y ADULTOS)

		Calorías diarias
Niños	12-14 años	2800 a 3000
	10-12 años	2300 a 2800
	8-10 años	2000 a 2300
	6-8 años	1700 a 2000
	3-6 años	1400 a 1700
	2-3 años	1100 a 1400
	1-2 años	900 a 1100
Adolescentes	Mujer de 14-18 años	2800 a 3000
	Hombres de 14-18 años	3000 a 3400
Mujeres	Trabajo activo	2800 a 3000
	Trabajo doméstico	2600 a 3000
Hombres	Trabajo pesado	3500 a 4500
	Trabajo moderado	3000 a 3500
	Trabajo liviano	2600 a 3000

EQUIVALENCIAS

EQUIVALENCIAS EN MEDIDAS

1	taza de azúcar granulada	250	g
1	taza de azúcar pulverizada	170	g
1	taza de manteca o mantequilla	180	g
1	taza de harina o maizena	120	g
1	taza de pasas o dátiles	150	g
1	taza de nueces	115	g
1	taza de claras	9	claras
1	taza de yemas	14	yemas
1	taza	240	ml

EQUIVALENCIAS EN CUCHARADAS SOPERAS

4	cucharadas de mantequilla sólida	56	g
2	cucharadas de azúcar granulada	25	g
4	cucharadas de harina	30	g
4	cucharadas de café molido	28	g
10	cucharadas de azúcar granulada	125	g
8	cucharadas de azúcar pulverizada	85	g

EQUIVALENCIAS EN MEDIDAS ANTIGUAS

1	cuartillo	2	tazas
1	doble	2	litros
1	onza	28	g
1	libra americana	454	g
1	libra española	460	g
1	pilón	cantidad que se toma con cuatro dedos	

TEMPERATURA DE HORNO EN GRADOS CENTÍGRADOS

Tipo de calor	Grados	Cocimiento
Muy suave	110°	merengues
Suave	170°	pasteles grandes
Moderado	210°	soufflé, galletas
Fuerte	230°-250°	tartaletas, pastelitos
Muy fuerte	250°-300°	hojaldre

TEMPERATURA DE HORNO EN GRADOS FAHRENHEIT

Suave	350°
Moderado	400°
Fuerte	475°
Muy fuerte	550°

Birria. Carne de borrego o de chivo, aunque puede ser cualquier otra, preparada como la barbacoa, es decir, horneada bajo tierra o cocinada de manera semejante.

Café de olla. Bebida del café hecha con la infusión del grano molido, en agua que se pone a hervir en olla de barro y se suele endulzar con piloncillo y canela.

Cafiroleta. Suele darse el nombre a una pasta blanda o jalea preparada con camote, coco rallado y azúcar.

Cajeta. Caja, generalmente de madera, con tapa de encajar, que se usa para conservar dulces y jaleas y, por extensión, el dulce que contiene. Por antonomasia se designa así un dulce de leche de cabra, aunque en Nayarit es popular la cajeta de frijol (de parecida consistencia).

Capirotada. Usualmente se refiere a un postre o dulce que combina ingredientes muy diversos con pan frío, miel o almíbar y, con frecuencia, queso, en agua o leche.

Ceviche. Pescado desmenuzado, generalmente pez sierra, macerado en limón u otras preparaciones, y servido en frío en diversas salsas (jitomate, cebolla, chile) o verduras picadas. Común en las costas americanas del Pacífico.

Cuino. Especie de cerdo, muy grueso y de patas cortas, comúnmente de pelo blanco. Se dedica a la producción de manteca. En tarasco se llama así al jabalí.

Chanfaina . Guiso preparado con menudos, generalmente de res, en un caldillo picoso con diversos ingredientes.

Chilatole (chileatole). Bebida o caldo espeso a base de atole de maíz con caldo de chile. Existen diversos tipos. Quizá los más comunes son el verde (en realidad un guiso de elote rebanado, epazote y chile verde) y el colorado (atole con azúcar y agua, granos de elote y chile ancho).

Chile ancho. Clásico de la cocina de México, forma parte de moles y adobos diversos; de color pardo o rojo oscuro y, por lo general, poco picante, aunque existen numerosas variedades. Fresco y verde es el **chile poblano**.

Chile cola de rata. Regionalmente se designa así al chile de árbol, fruto de un arbusto de la familia de las solanáceas. Parecido al chile serrano, es un poco más largo que éste y generalmente más picante. Seco adquiere color rojo sepia y es frecuente en salsas preparadas en molcajete.

Chile guajillo. Se produce en casi todo el país, pero ofrece diferencias según el lugar. Fresco puede ser verde, amarillo o rojo. Mide entre 5 y 11 cm. Suele consumirse seco y presenta entonces un tono rojo-sepia. En general resulta más picante cuando es más pequeño; el de tamaño grande proporciona fundamentalmente color y sabor.

Frutas cubiertas. Frutos diversos que, hervidos en almíbar hasta consumirse éste, se confitan y acitronan. **Frutas contifadas** o **cristalizadas**.

Gorditas. Usualmente usada en plural, la voz se refiere a ciertas tortillas de maíz más gruesas y, por lo general, más pequeñas que las comunes, que se suelen conservar suaves mayor tiempo.

Horchata. En México, bebida refrescante elaborada con semillas de melón o con arroz, agua, azúcar y canela.

Jericalla (jericaya, papín). Dulce que se hace, a baño María, comúnmente con leche, huevos, azúcar y vainilla.

Jocote (jobo). Árbol de la América tropical que produce una especie de ciruela; el fruto de dicho árbol. Hay diversas variedades.

Nanche (nance, nanchi). Árbol de la familia de las malpigiáceas, como de diez metros de altura; nombre de su fruto, del tamaño de una cereza, amarillo en la madurez, de hueso rugoso y macizo, y sabor agridulce e incitante. Se toma crudo o en conserva, curtido en alcohol y almíbar.

Natillas. Usada en plural la voz se refiere a un postre elaborado a base de leche hervida con huevos y azúcar, algún sabor especial (vainilla, etc.), con consistencia de pasta cremosa.

Pancles. Plátanos preparados y secos al sol, envueltos en sus propias hojas. Son vianda de caminantes.

Picones. En plural las más de las veces, la voz se aplica a un bizcocho o pan de harina con huevo y azúcar, de forma redonda o cónica y con picos.

Pipián (pepián). Aderezo que se elabora con la pasta de semillas aceitosas —mayormente las de calabaza—, molidas y tostadas, y que por lo general se incorpora a un **clemole**, es decir, una salsa de chile —fresco o seco—, molido y mezclado con jitomates y tomates.

Piznate. Bebida preparada con maíz cocido y tostado, que después se muele. Se añade agua, se cuela y se endulza al gusto. Es regional.

Tasajo. Carne asada y serenada. Acostumbra tener alguna condimentación especial, según el lugar.

Tepache. Bebida fermentada que se prepara con la pulpa, jugo o cáscara de frutas y plantas —especialmente la piña o caña de azúcar— y piloncillo. Se usa como refresco o bebida embriagante, según el grado de fermentación.

Tesgüino. Bebida de origen tarahumara, huichol y cora. Se prepara a base de la levadura que produce el maíz fermentado. **Tejuino** se llama también a la bebida refrescante elaborada tras una leve fermentación del maíz, con panocha o piloncillo.

Tlaxtihuille (jatishuile, titisgüil). Guiso regional de la costa centro occidental, cocinado con camarones frescos, masa de maíz y agua. Lleva salsa de chiles y se toma con limón.

Zaranda. Se aplica a la armazón o varilla de reja que se utiliza en las playas para preparar pescados y otros productos del mar.

Esta obra fue impresa en el mes de septiembre de 2001
en los talleres de Litográfica Ingramex, S.A. de C.V.,
que se localizan en la calle de Centeno 162,
colonia Granjas Esmeralda, en la ciudad de México, D.F.
La encuadernación de los ejemplares se hizo
en los talleres de Dinámica de Acabado Editorial, S.A. de C.V.,
que se localizan en la calle de Centeno 4-B,
colonia Granjas Esmeralda, en la ciudad de México, D.F.